7.-10. Schuljahr

Georg Brandt

Klimadiagramme

Grundlagen klimatischer Prozesse

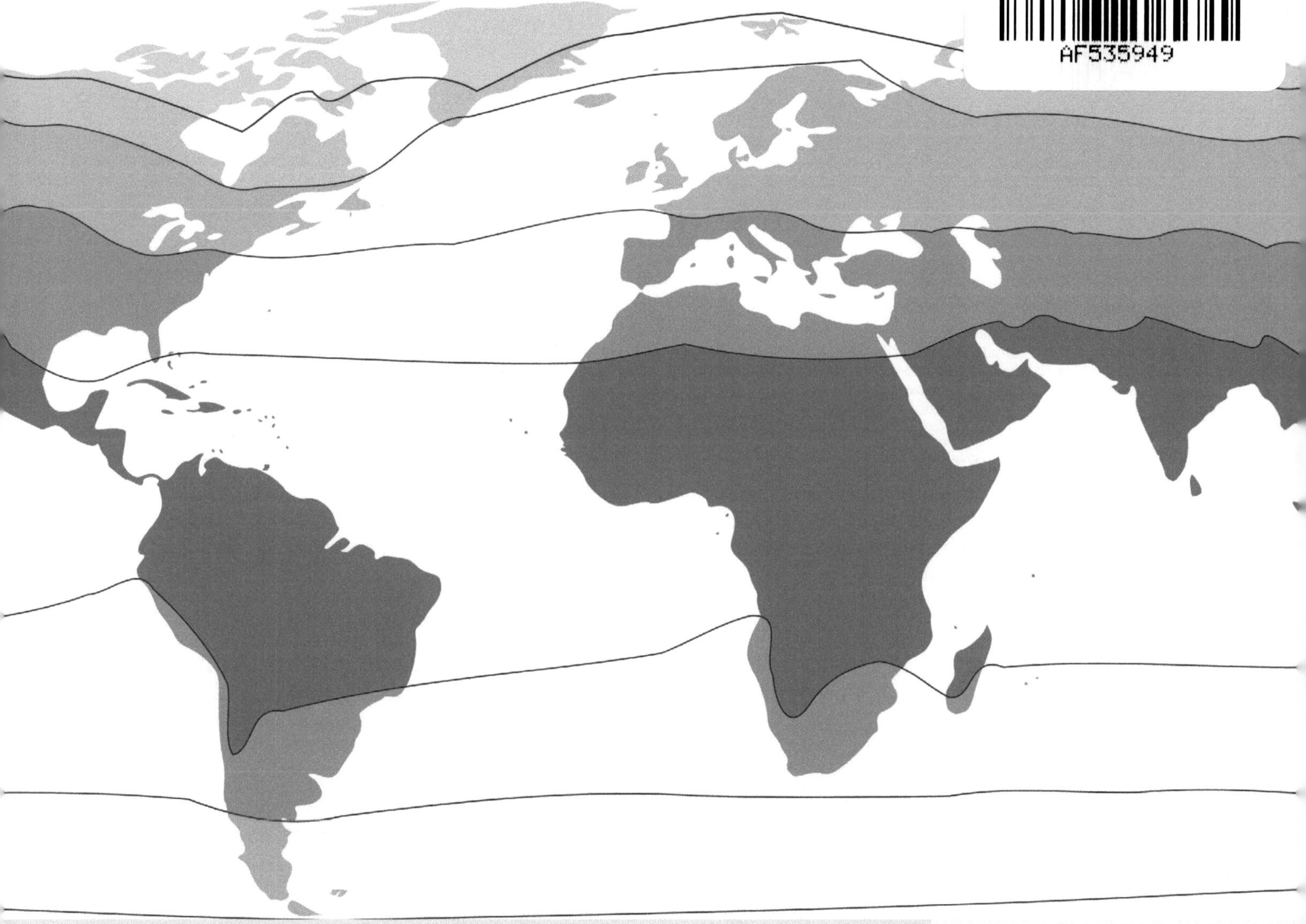

- Klimatypen - ein Überblick
- Klimazonen der Erde
- Landschaftstypen
- Klimadiagramme zeichnen und interpretieren

www.kohlverlag.de

Klimadiagramme

Grundlagen klimatischer Prozesse

3. Auflage 2025

Inhalt: Georg Brandt
Redaktion: Kohl-Verlag
Grafik & Satz: Eva-Maria Noack & Kohl-Verlag
Druck: Druckhaus DOC GmbH, Kerpen

Bestell-Nr. 12 398

ISBN: 978-3-96624-071-0

Bildquellen:

S. 5: © Four season_blank_Horst Frank (verändert) - wikimedia.org; **S. 7**: © AnRo0002 - wikimedia.org, © doethion - AdobeStock.com; **S. 9**: © Crates (verändert) - wikimedia.org; **S. 19**: © Jerome Bon - wikimedia.org; **S. 22**: © CKL_Saxphile - wikimedia.org; **S. 24**: © Aleksander Kaasik - wikimedia.org; **S. 25**: © MMphotos - AdobeStock.com; **S. 26**: © peupleloup - wikimedia.org; **S. 28**: © wikimedia.org; **S. 30**: © Sheila Thomson - wikimedia.org; **S. 32**: © Adbar - wikimedia.org; **S. 33**: © Sam Beebe - wikimedia.org; **S. 34**: © wikimedia.org; **S. 35**: © Elke Freese - wikimedia.org; **S. 36**: © Yoky - wikimedia.org; **S. 38**: © byrdyak - AdobeStock.com, © Chris 73 - wikimedia.org; **S. 39**: © Masa Sakano - wikimedia.org

Kontakt: Kohl-Verlag, An der Brennerei 37-45, 50170 Kerpen
Tel: +49 2275 331610, Mail: info@kohlverlag.de

Inhalt

Vorwort / Einführung

Liebe Kolleginnen und Kollegen,

das Klima stellt eine der maßgeblichen Gestaltungskräfte eines Raumes dar. Von ihm sind die jahreszeitlichen und täglichen Temperaturschwankungen abhängig, welche die Grundlage der physikalischen und chemischen Verwitterung darstellen und so Einfluss nehmen auf die Relief- und Bodenbildung. Das Pflanzenwachstum ist zudem abhängig von entsprechenden Niederschlagsmengen. Das Klima bestimmt also im Wesentlichen mit, ob und wie ein Raum für landwirtschaftlichen Anbau geeignet ist.

Die Analyse der klimatischen Gegebenheiten eines Raumes ist daher zentral für das Verständnis seiner physischen Beschaffenheit und seiner menschlichen Nutzung. Nicht umsonst zählt die Beschäftigung mit dem Klima seit Jahrzehnten zu den „Klassikern" des Erdkundeunterrichts.

Mit den vorliegenden Kopiervorlagen wird es den Schülern* ermöglicht, sich selbst die Grundlagen klimarelevanter Prozesse anzueignen, Klimadiagramme zu zeichnen, auszuwerten und bestimmten Klimatypen zuzuordnen.

Bei den Klimaklassifikationen gibt es mittlerweile eine Fülle verschiedenster Ansätze mit unterschiedlichen Herangehensweisen. Auch in Schulbüchern und Atlanten werden die Klimaklassifikationen nicht einheitlich gehandhabt. Das sorgt nicht selten sowohl auf Schüler- als auch auf Lehrerseite für Verwirrung und Frustration. In den vorliegenden Kopiervorlagen wird das integrative Klassifikationssystem von Wilhelm Lauer und Peter Frankenberg zu Grunde gelegt, weil dies einige didaktische Vorteile bietet. So lässt es sich anhand der klassischen Walter/Lieth-Diagramme einfach nachvollziehen; zudem müssen die Schüler nicht umdenken, wenn sie auf der einen Seite mit Klimadiagrammen und auf der anderen Seite mit dem Klassifikationssystem arbeiten. Das Klassifikationssystem ist darüber hinaus wie ein Baukasten aufgebaut, in dem nach und nach weitere Klassifikationskriterien ergänzt werden. Das erweist sich für spätere Jahrgangsstufen als günstig, weil das ursprünglich gelernte Klassifikationssystem dann nicht überholt ist, sondern lediglich ergänzt werden muss.

Zudem ermöglicht das Baukastenprinzip den Schülern einen Einblick in die Funktionsweise von Klassifikationssystemen und damit ein verbessertes Verständnis für andere Ansätze.

Es wünschen Ihnen und Ihren Schülern viel Freude und Erfolg beim Durcharbeiten der folgenden Kopiervorlagen das Kohl-Verlagsteam und

Georg Brandt

PS: Am Ende des Heftes ist eine Kopiervorlage für Millimeterpapier beigegeben, das zum Zeichnen der Klimadiagramme genutzt werden kann.

Aufgrund der besseren Lesbarkeit wird im Folgenden die männliche Form Schüler bzw. Lehrer verwendet. Gemeint sind damit selbstverständlich auch die weiblichen Personen.

1 Die Jahreszeiten

Die Erde dreht sich um sich selbst – wie ein Kreisel. Für eine vollständige Umdrehung benötigt die Erde ungefähr 24 Stunden. Dabei ist die eine Seite der Erde der Sonne zugewandt und die andere Seite der Sonne abgewandt. Auf der einen Seite der Erde ist deshalb Tag und auf der anderen Seite ist es Nacht. Für uns auf der Erde sieht es so aus, als bewege sich die Sonne während des Tages über den Himmel und gehe abends am Horizont unter. Tatsächlich aber ist es die Erde, die sich um ihre eigene Achse dreht.

Anders als bei einem Kreisel steht die Erdachse aber nicht senkrecht, sondern ist leicht zur Seite geneigt. Während sich die Erde im Laufe eines Jahres um die Sonne bewegt, ändert sich deshalb der Winkel, in dem die Erde der Sonne zugeneigt ist. Davon ist es abhängig, wieviel Sonnenlicht auf die Erdoberfläche trifft – und damit auch wieviel Wärme uns erreicht. Die Folge der Schiefstellung der Erdachse sind die Jahreszeiten. Im Winter ist die nördliche Hälfte der Erde der Sonne eher abgeneigt und im Sommer eher zugeneigt. Auf der Südhalbkugel ist es genau umgekehrt: Im Winter ist sie der Sonne eher zugeneigt und im Sommer eher abgeneigt. Während wir auf der Nordhalbkugel im Januar frieren, ist es auf der Südhalbkugel sommerlich warm.

Die Schiefstellung der Erdachse ist auch dafür verantwortlich, dass die Tage im Winter kürzer und im Sommer länger werden. Während sich die Erdachse bzw. ihr nördliches Ende langsam von der Sonne abwendet, werden die Tage kürzer und die Nächte länger. Wendet sich die Erdachse wieder der Sonne zu, dann werden die Tage wieder länger. Die Tage, an denen der Wechsel stattfindet, nennt man Wintersonnenwende (am 21. Dezember) und Sommersonnenwende (am 21. Juni). Am Tag der Wintersonnenwende fallen die Sonnenstrahlen zur Mittagszeit senkrecht auf den Breitengrad 23° 26' S. Weiter nach Süden „wandert" die Sonne nicht mehr. Man nennt den Breitenkreis 23° 26' S deshalb auch „südlichen Wendekreis". Zur Sommersonnenwende steht die Sonne mittags senkrecht auf dem „nördlichen Wendekreis", der bei 23° 26' nördlicher Breite liegt.

Neben der Winter- und der Sommersonnenwende gibt es noch zwei weitere wichtige Tage im Jahreslauf der Erde. Winter- und Sommersonnenwende sind diejenigen Tage, ab denen die Tage wieder länger bzw. kürzer werden. Zwischen den beiden Wendetagen gibt es noch zwei Tage, an denen Tag und Nacht genau gleich lang sind. Man nennt diese Tage Tagundnachtgleiche. Am 21. März ist die Frühlings-Tagundnachtgleiche und am 23. September die Herbst-Tagundnachtgleiche.

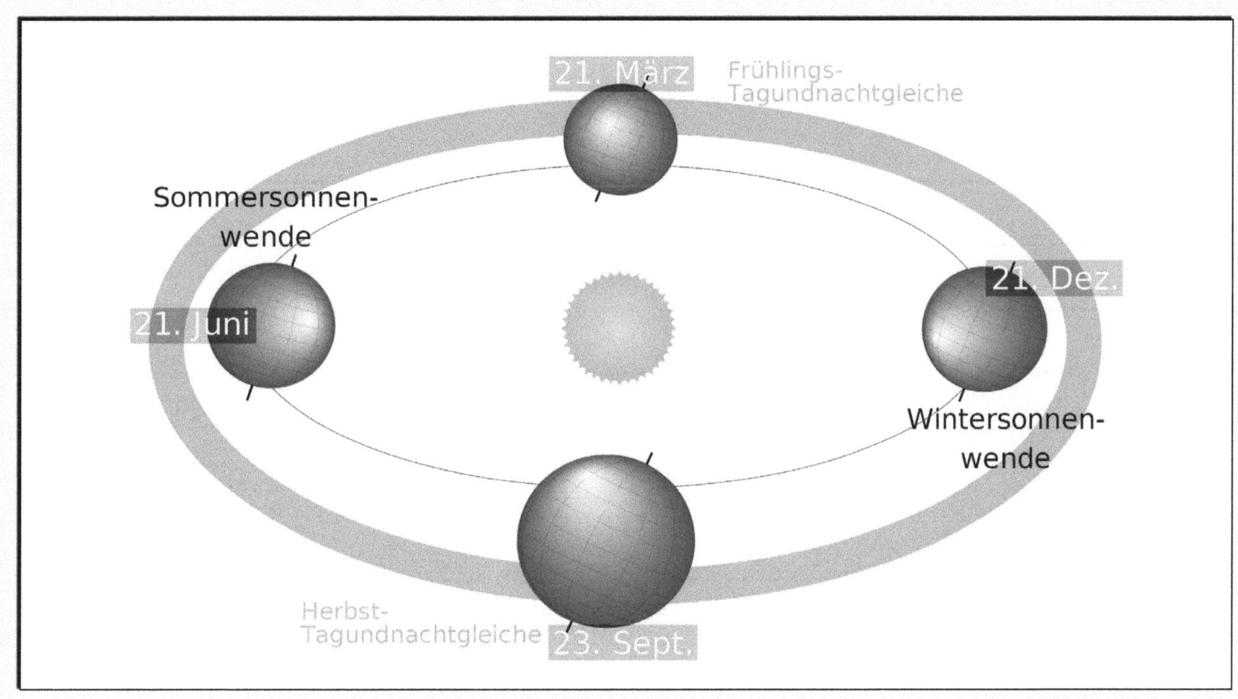

KOHL VERLAG
KLIMADIAGRAMME
Grundlagen klimatischer Prozesse – Bestell-Nr. 12 398

1 Die Jahreszeiten

Aufgabe 1: *Erkläre mit eigenen Worten, wie Tag und Nacht entstehen.*

Aufgabe 2: *Erkläre mit eigenen Worten, warum auf der Südhalbkugel eine andere Jahreszeit herrscht als auf der Nordhalbkugel.*

Aufgabe 3: *Erkläre mit eigenen Worten die folgenden Begriffe.*
Nenne auch die jeweiligen Daten dieser besonderen Tage.

a) Winter- und Sommersonnenwende:

b) Tagundnachtgleiche:

KOHL VERLAG Lernen mit Erfolg
KLIMADIAGRAMME
Grundlagen klimatischer Prozesse – Bestell-Nr. 12 398

2 Wetter oder Klima?

Wir alle kennen Wettervorhersagen wie diese: „Am Morgen ist es heiter bis wolkig bei 15 Grad. Gegen Mittag steigen die Temperaturen auf über 22 Grad und am Abend kühlt es wieder ab auf 14 bis 16 Grad und es ziehen Wolken von Südwesten auf. Örtlich gibt es Sprühregen."

Aber was versteht man überhaupt unter „Wetter"? „Wetter" ist ein Sammelbegriff für alle atmosphärischen Erscheinungen an einem bestimmten Ort oder in einem Gebiet zu einer bestimmten Zeit. Zu den atmosphärischen Erscheinungen gehören die Temperatur, Niederschläge, Luftfeuchtigkeit, Bewölkung, Wind und Luftdruck. Alle diese Erscheinungen werden von Wetterstationen gemessen und aufgezeichnet. Aus diesen Werten können dann Wettervorhersagen abgeleitet werden.
Wetter ist räumlich begrenzt und kann sich sehr schnell ändern.
Was man sieht, wenn man aus dem Fenster schaut oder man fühlt, wenn man nach draußen geht, ist das Wetter.

Was ist nun „Klima"? Gibt es überhaupt einen Unterschied zwischen Wetter und Klima? „Klima" ist auch ein Sammelbegriff, unter dem zwei weitere Sammelbegriffe zusammengefasst werden. Da sind zunächst die sogenannten „Klimaelemente", die weitgehend mit den gemessenen Erscheinungen übereinstimmen, die das Wetter ausmachen (Temperaturen, Niederschläge usw.). Anders als beim Wetter verrechnet man die Messwerte zu Summen und Durchschnittswerten und gibt sie für Abschnitte von 30 Jahren an. Zum Beispiel errechnet man aus den Tagestemperaturen eines Monats eine Monatsdurchschnittstemperatur. Und danach errechnet man aus den Monatsdurchschnittstemperaturen die Durchschnittstemperatur dieses Monats (z.B. des Augusts) für eine Zeitspanne von 30 Jahren. Der Vorteil ist, dass Extreme nicht so sehr ins Gewicht fallen.

Der zweite Sammelbegriff, der zum Klima gehört, ist der der „Klimafaktoren". Darunter fasst man alle geographischen Gegebenheiten eines Gebietes zusammen, die sich auf das Klima auswirken können. Darunter zählen z.B. die Höhenlage, die geographische Breite, die Lage zu Gebirgen oder zu Meeren. So ist es beispielsweise wichtig, ob ein Ort in der Nähe des Meeres liegt oder inmitten einer großen Landmasse. Wasser erwärmt sich wesentlich langsamer als das Festland, kann die Wärme aber länger speichern. Darum wirken große Wassermassen ausgleichend auf das Klima. Während der Sommermonate nimmt das Wasser die Wärme auf und gibt sie in den kälteren Monaten wieder ab. Ein solches durch das Meer ausgewogene Klima nennt man auch „maritimes Klima" (mare = Meer). Das Gegenteil ist das „kontinentale Klima". Es zeichnet sich durch größere Schwankungen in den Temperaturen während des Tages und des Jahres aus. Die Landmasse erwärmt sich schnell durch die Sonnenstrahlen und kühlt ebenso schnell wieder ab.

KLIMADIAGRAMME
Grundlagen klimatischer Prozesse – Bestell-Nr. 12 398

2 Wetter oder Klima?

Aufgabe 1: *Kreuze an, welche der folgenden Aussagen richtig und welche falsch sind.*

		Richtig	Falsch
A	„Wetter" und „Klima" sind das gleiche, nur dass man auf der Nordhalbkugel von „Wetter" spricht und auf der Südhalbkugel von „Klima".		
B	Das folgende sind alles atmosphärische Erscheinungen: Temperatur, Schnee, Wolken und Steinschlag.		
C	„Klima" ist ein Sammelbegriff für Klimaelemente und Klimafaktoren.		
D	Von „Klima" spricht man erst ab einem Zeitraum von etwa 30 Jahren.		
E	Klimafaktoren sind die geographischen Gegebenheiten eines Gebietes, die sich auf das Klima auswirken können.		
F	Das maritime Klima ist ausgeglichener als das kontinentale Klima.		

Aufgabe 2: *Erkläre mit eigenen Worten den Begriff „Klima". Unterscheide hierbei auch zwischen Klimaelementen und Klimafaktoren.*

Aufgabe 3: *Erkläre, was man unter „maritimem Klima" und „kontinentalem Klima" versteht.*

KOHL VERLAG KLIMADIAGRAMME Grundlagen klimatischer Prozesse – Bestell-Nr. 12 398

3 Die Klimazonen

Wir haben bereits gesehen, dass durch die Schiefstellung der Erdachse im Laufe des Jahres die Jahreszeiten entstehen, weil sich der Einfallswinkel der Sonnenstrahlen auf die Erdoberfläche verändert. Das gleiche Prinzip trifft aber auch auf die Erde als Ganzes zu, denn sie besitzt eine Kugelgestalt. Die folgende Skizze veranschaulicht das Prinzip:

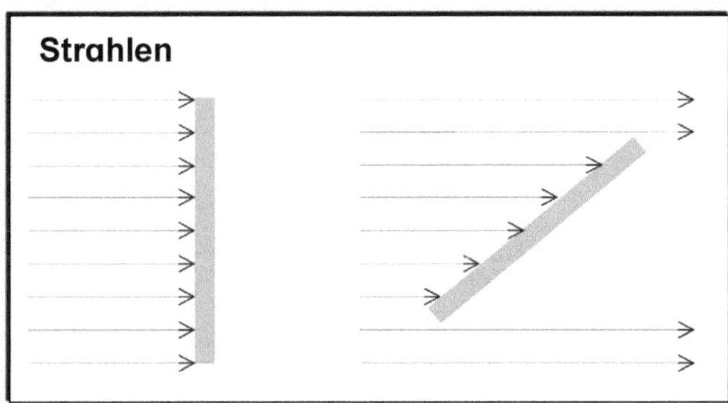

Je stärker die Oberfläche geneigt ist, desto weniger Sonnenstrahlen treffen auf die gleiche Fläche auf. Das ist auch der Grund, warum die Pole der Erde vereist sind: Es trifft einfach nicht genug Wärmeenergie auf die Pole, um sie zu erwärmen. Umgekehrt ist es dort wärmer, wo die Sonnenstrahlen möglichst senkrecht auf die Erdoberfläche treffen. Das ist vor allem um den Äquator herum der Fall.

Nach dem Prinzip der Sonneneinstrahlung auf ihre Oberfläche hat man die Erde in fünf Zonen eingeteilt, die man auch als „solare Klimazonen" (sol = Sonne) bezeichnet. Diese unterscheiden sich durch ihre Jahresdurchschnittstemperaturen und ziehen sich wie Bänder von West nach Ost über die Erde. Folgende solare Klimazonen unterscheidet man:

Name	Jahresdurchschnittstemperatur
Polare Zone (bzw. Kalte Zone)	≤ -10° C
Subpolare Zone (bzw. Kühle Zone)	zwischen -10° C und 0° C
Mittelbreiten (bzw. Gemäßigte Zone)	zwischen 0° C und 12° C
Subtropen (bzw. Warme Zone)	zwischen 12° C und 24° C
Tropen (bzw. Heiße Zone)	ab 25° C

Zeichnet man die solaren Klimazonen auf eine Weltkarte ein, so sieht dies folgendermaßen aus:

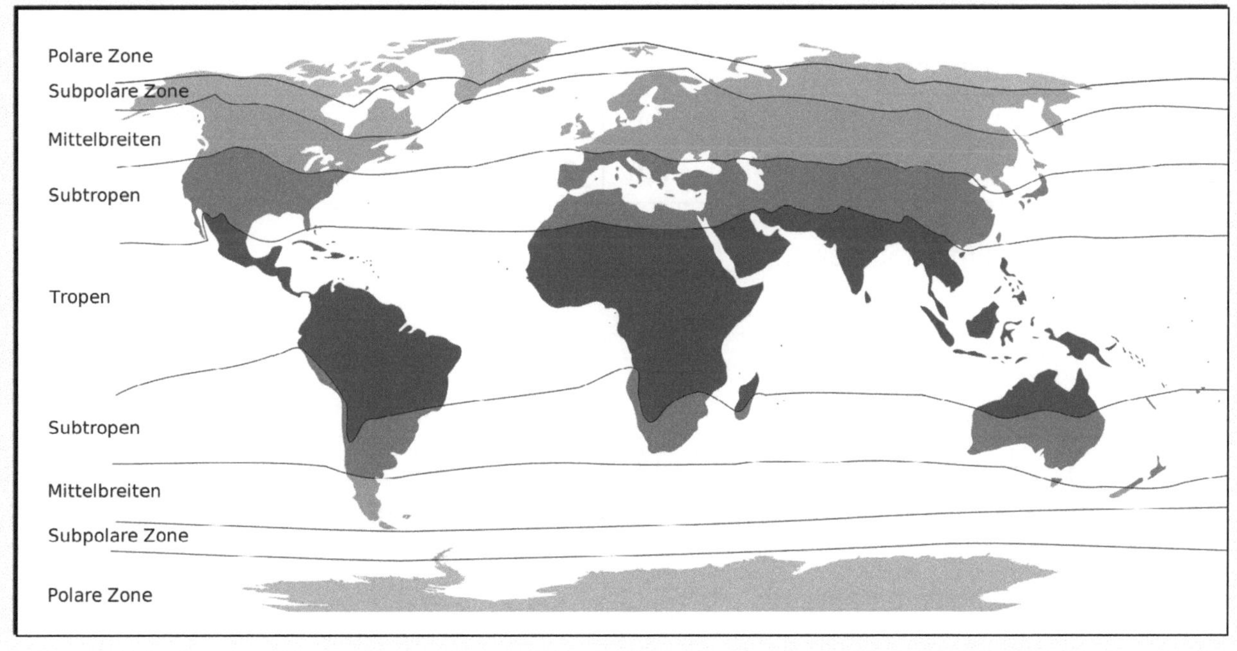

3 Die Klimazonen

Aufgabe 1: *Erkläre mit eigenen Worten, warum es an den Polen kälter ist als am Äquator.*

Aufgabe 2: *Erkläre mit eigenen Worten, was man unter einer „solaren Klimazone“ versteht.*

Aufgabe 3: *Berechne von den folgenden Orten die Jahresdurchschnittstemperatur und ordne sie einer der Klimazonen zu.*

a) Barra (Brasilien)

Monat	J	F	M	A	M	J	J	A	S	O	N	D
T [°C]	26,7	27,2	27,0	26,4	25,9	26,4	25,5	25,2	24,4	23,3	23,6	24,6

Jahresdurchschnittstemperatur: ___________ °C

Klimazone: ______________________________

b) Murmansk (Russland):

Monat	J	F	M	A	M	J	J	A	S	O	N	D
T [°C]	-11,3	-10,9	-6,5	-1,6	3,6	9,2	12,6	10,8	6,7	0,9	-5,0	-9,1

Jahresdurchschnittstemperatur: ___________ °C

Klimazone: ______________________________

c) Wien (Österreich):

Monat	J	F	M	A	M	J	J	A	S	O	N	D
T [°C]	-0,7	1,3	5,4	10,2	14,7	17,8	19,7	19,2	15,5	10,2	4,7	1,0

Jahresdurchschnittstemperatur: ___________ °C

Klimazone: ______________________________

KOHL VERLAG KLIMADIAGRAMME Grundlagen klimatischer Prozesse – Bestell-Nr. 12 398

4 Klimadiagramme

Was ist ein Klimadiagramm?

Als Klimadiagramm wird die grafische Darstellung von den sogenannten Klimaelementen bezeichnet. Klimaelemente werden in den Wetterstationen gemessen und beinhalten neben Temperatur, Niederschlag auch den Luftdruck, Windverhältnisse, Luftfeuchtigkeit und noch vieles andere mehr. Meistens werden in einem Klimadiagramm aber nur die Temperatur und der Niederschlag eingetragen. Weil die Daten des Klimadiagramms von einer Wetterstation gemessen werden, gilt das Diagramm immer nur für *einen* Ort.
Wie wir aber bereits gesehen haben, sind Wetter und Klima nicht dasselbe. Vom Klima spricht man erst ab einem Zeitraum von 30 Jahren. Darum werden von den ganzen Tageswerten einer Wetterstation Mittelwerte für die Monate gebildet. So werden zum Beispiel in einer Wetterstation alle Tagesmesswerte des Monats Januar addiert und durch die Anzahl der Tage des Monats geteilt. Auf diese Weise erhält man die Durchschnittstemperatur des Januar eines Jahres. Addiert man nun alle Durchschnittstemperaturen von 30 Jahren und teilt dies dann durch 30, erhält man die Durchschnittstemperatur des Monats Januar für eine Klimaperiode.
Genauso verfährt man mit den Niederschlägen. Am Ende hat man eine Tabelle mit den durchschnittlichen Temperaturen und Niederschlägen.

Beispiel für Neapel:

Monat	J	F	M	A	M	J	J	A	S	O	N	D
T [°C]	8,2	8,8	10,6	13,3	17,4	20,9	23,7	23,7	20,8	16,7	12,4	9,4
N [mm]	104	98	86	76	50	34	24	42	80	130	162	121

Weil solche Tabellen schwierig zu lesen sind, zeichnet man Diagramme. Der Vorteil ist, dass man mit einem Blick die klimatischen Eigenschaften eines Ortes erfassen kann. Es ist mit Klimadiagrammen auch viel einfacher, die klimatischen Bedingungen mehrerer Orte zu vergleichen.

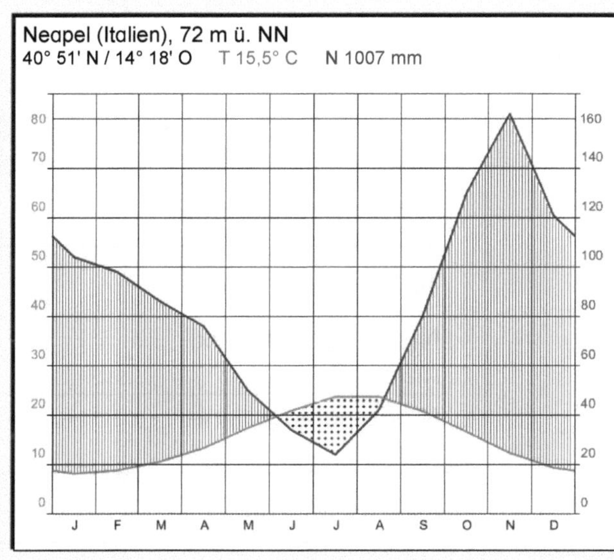

Auf der x-Achse sind die zwölf Monate abgetragen. Man hat sich darauf geeinigt, dass die Sommermonate immer in der Mitte des Diagramms abgetragen werden. Darum beginnt die Monatszählung von Diagrammen der Südhalbkugel mit dem Juli und nicht mit dem Januar. Eine Besonderheit sind die beiden y-Achsen links und rechts. Auf der linken y-Achse werden die Temperaturen in °C und auf der rechten die Niederschläge in mm abgetragen. Die Zahlenverhältnisse der y-Achsen sind 1:2, d.h. dass die Werte auf der rechten Achse doppelt so groß sind wie die auf der linken Achse.

Die Temperaturkurve wird rot gezeichnet und die Niederschlagskurve blau. Übersteigt die Niederschlagskurve die Temperaturkurve, so werden die Flächen zwischen den beiden Kurven mit senkrechten blauen Strichen schraffiert. In diesen Zeiten übersteigt die Menge des Niederschlags die der Verdunstung und die Pflanzen haben genügend Wasser zum Wachsen. Man nennt diese Phasen „humid“. Übersteigt die Temperaturkurve die des Niederschlags, so verdunstet mehr Wasser als abregnet, weshalb die Pflanzen zu wenig Wasser bekommen. Im Klimadiagramm wird die Fläche zwischen Temperaturkurve und Niederschlagskurve gepunktet und man nennt diese Phasen „arid“.

KLIMADIAGRAMME
Grundlagen klimatischer Prozesse – Bestell-Nr. 12 398

4 Was ist ein Klimadiagramm?

Aufgabe 1: *Schaue dir die folgenden Klimadiagramme genau an und trage in die nebenstehende Tabelle jeweils die zutreffenden Monatsnamen ein.*

a)

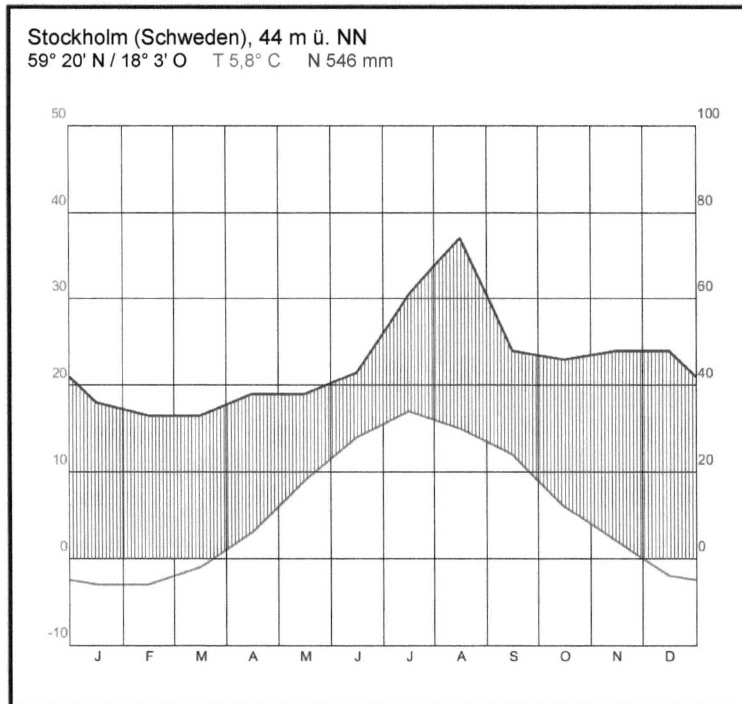

	Monat(e)
Temperaturmaximum:	
Temperaturminimum:	
Niederschlagsmaxi-mum:	
Niederschlagsmini-mum:	
humide Monate:	
aride Monate:	

b)

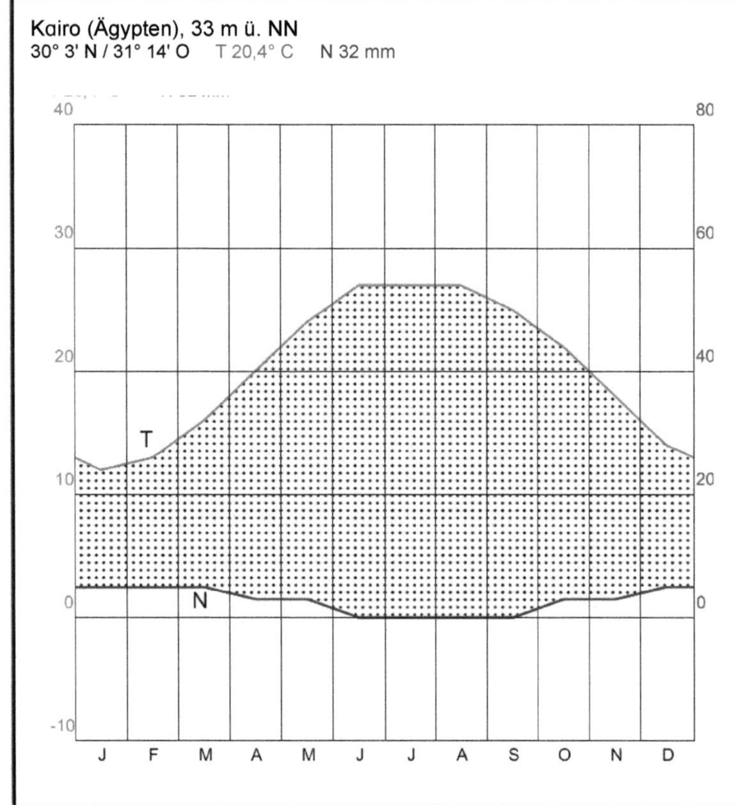

	Monat(e)
Temperaturmaximum:	
Temperaturminimum:	
Niederschlagsmaxi-mum:	
Niederschlagsmini-mum:	
humide Monate:	
aride Monate:	

4 Was ist ein Klimadiagramm?

c)

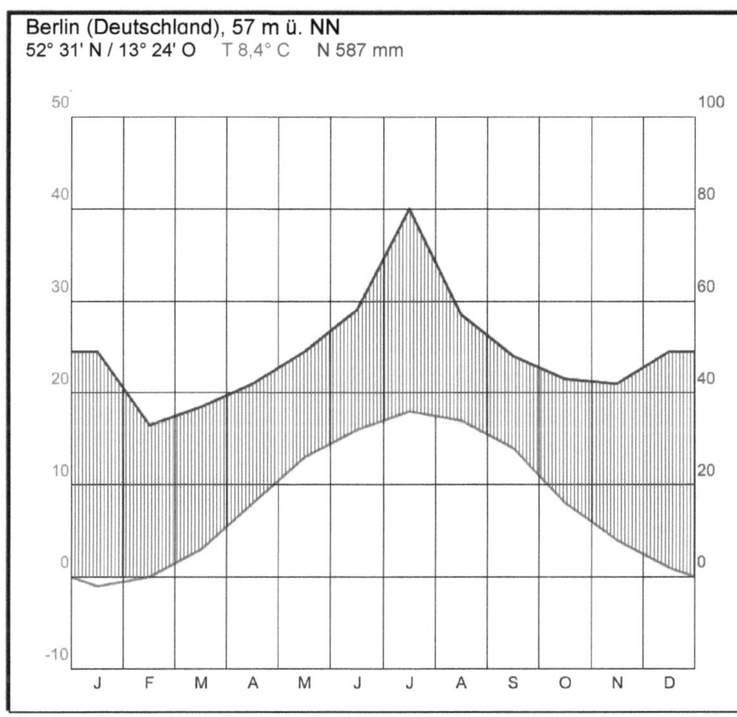

	Monat(e)
Temperaturmaximum:	
Temperaturminimum:	
Niederschlagsmaxi-mum:	
Niederschlagsmini-mum:	
humide Monate:	
aride Monate:	

Wie wertet man ein Klimadiagramm aus?

Ihr habt jetzt schon Bekanntschaft mit einigen Klimadiagrammen gemacht und erste Erfahrungen gesammelt, wie man ein Klimadiagramm liest. Nun wollen wir uns genauer ansehen, wie man ein solches Diagramm auswertet und möglichst viele Informationen herausliest.

Die Auswertung erfolgt in vier Schritten, die wiederum in Unterschritte unterteilt ist:

(1)	Orientierung	
	- Name - Lage im Gradnetz - Höhenlage - Beschreibung der Lage mit Hilfe des Atlas	
(2)	Ablesen und Ermitteln	
	Temperaturen: - mittlere Jahrestemperatur - Temperaturmaximum - Temperaturminimum - Jahresamplitude (=Differenz aus Temperaturmaximum und -minimum)	Niederschläge: - Gesamtniederschlag - Niederschlagsmaximum - Niederschlagsminimum
(3)	Beschreiben	
	- Anzahl der humiden und ariden Monate - Verlauf der Jahrestemperatur - Länge der Vegetationsperiode (=Temperaturen über 5°C) - sonstige Auffälligkeiten (z.B. Regenzeiten)	
(4)	Begründen und Einordnen	
	- Lage auf der Nord- oder Südhalbkugel - Zuordnung zu einer Klimazone mit Hilfe der Jahresdurchschnittstemperatur - Zuordnung zu kontinentalem oder maritimem Klima	

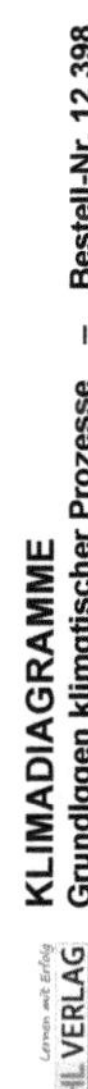
KLIMADIAGRAMME
Grundlagen klimatischer Prozesse – Bestell-Nr. 12 398

4 Was ist ein Klimadiagramm?

Anhand des folgenden Klimadiagramms spielen wir die Auswertung einmal durch:

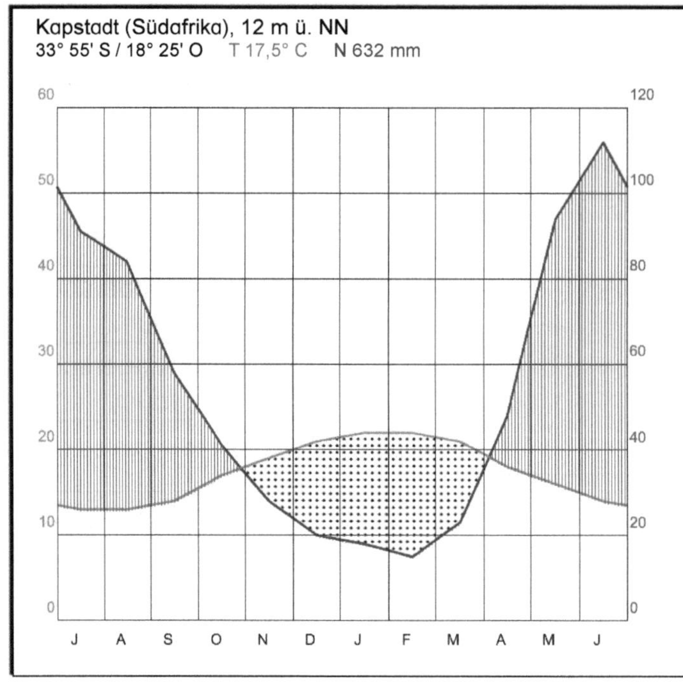

(1)	**Orientierung**
	- Name: Kapstadt in Südafrika - Lage im Gradnetz: 33° 55' südliche Breite, 18° 25' östliche Länge → Kapstadt liegt auf der Südhalbkugel, was man auch daran erkennen kann, dass die x-Achse mit dem Monat Juli beginnt. - Höhenlage: 12 m - Lagebeschreibung: Kapstadt liegt an der Südspitze des afrikanischen Staates Südafrika auf der Südhalbkugel und ist am Meer (Atlantik) gelegen.
(2)	**Ablesen und Ermitteln**
	<u>Temperaturen:</u> - mittlere Jahrestemperatur 17,5 °C - Temperaturmaximum im Januar und Februar mit ca. 22 °C - Temperaturminimum im Juli und August mit ca. 13 °C - Jahresamplitude: 9 °C <u>Niederschläge:</u> - Gesamtniederschlag: 632 mm - Niederschlagsmaximum im Juni mit etwa 112 mm - Niederschlagsminimum im Februar mit etwa 15 mm
(3)	**Beschreiben**
	- Es gibt 5 aride Monate (November bis März) und 7 humide Monate (April bis Oktober). - Die Jahrestemperatur weist ein Sommermaximum im Januar und Februar, sowie ein Winterminimum im Juli und August auf bei einer Jahresamplitude von 9 °C. - Die Temperaturen liegen ganzjährig über 5 °C, sodass in Hinblick auf die Temperaturen eine ganzjährige Vegetationsperiode vorliegt, in der Pflanzen wachsen können. Die Vegetationsperiode wird jedoch durch die ariden Monate von November bis März unterbrochen. Die Vegetationsperiode ist für Kapstadt demnach abhängig vom humiden Klima der Monate April bis Oktober.
(4)	**Begründen und Einordnen**
	Kapstadt liegt auf der Südhalbkugel, weshalb Januar und Februar die Sommermonate darstellen. Mit durchschnittlich 22 °C weisen sie darüber hinaus die Temperaturmaxima des Jahres auf. Die Jahresdurchschnittstemperatur liegt bei 17,5 °C, weshalb sich Kapstadt den Subtropen zuordnen lässt. Die Lage Kapstadts am Meer (Atlantik) wirkt sich ausgleichend auf die Jahresamplitude aus, die mit 9 °C relativ gering ausfällt.

KLIMADIAGRAMME
Grundlagen klimatischer Prozesse – Bestell-Nr. 12 398
KOHL VERLAG

4 Was ist ein Klimadiagramm?

Aufgabe 2: *Werte die beiden folgenden Klimadiagramme aus, wie du es gelernt hast. Schreibe die Auswertung in dein Heft.*

a)

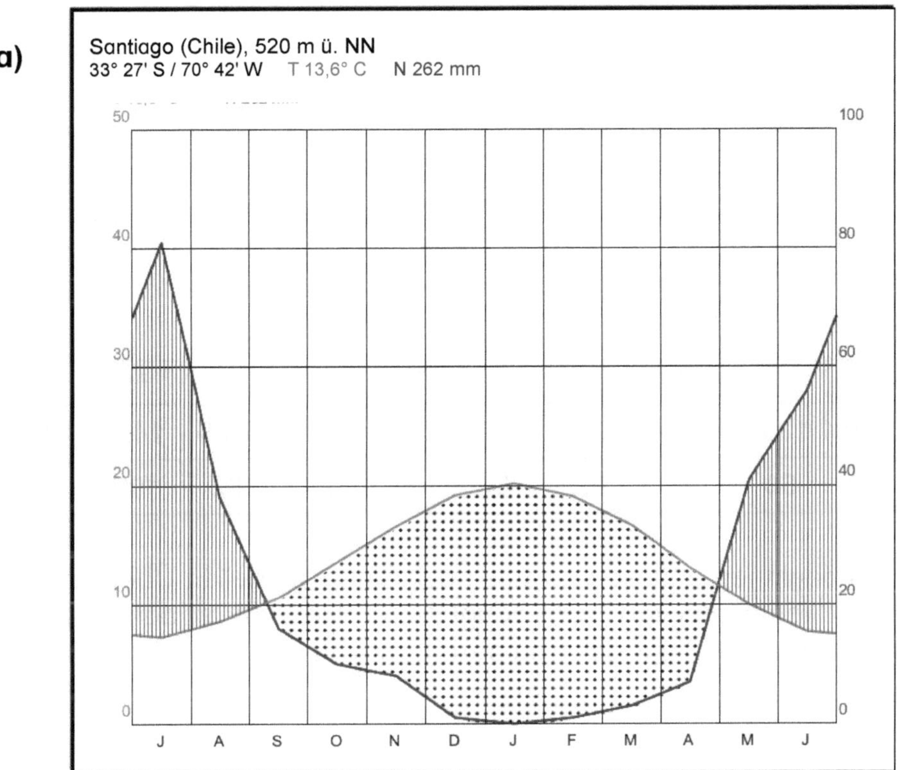

b)

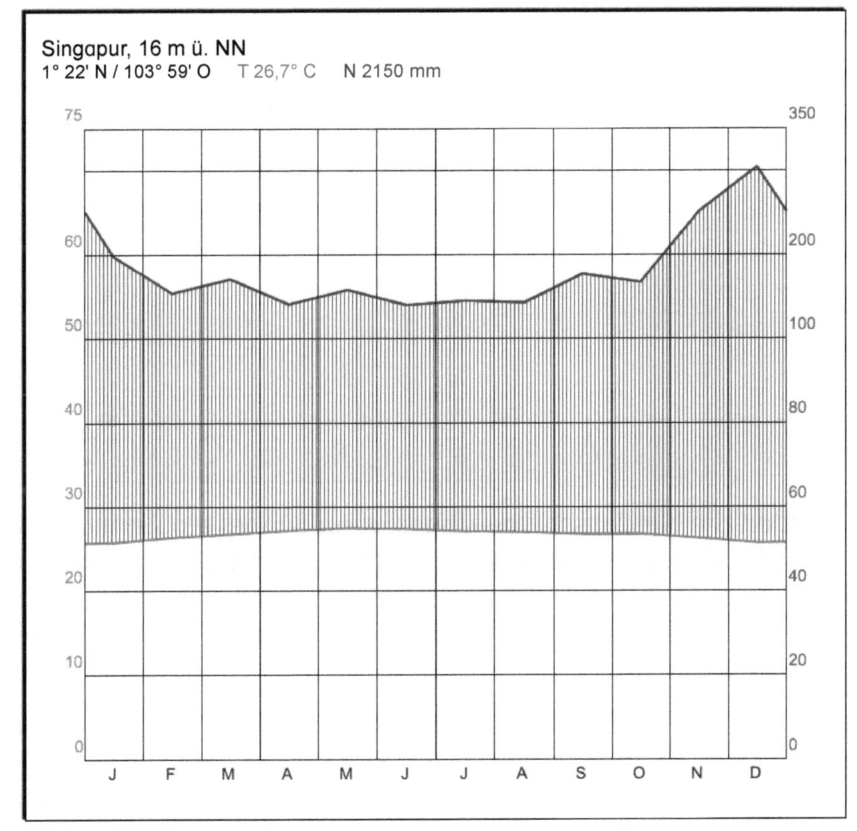

4 Was ist ein Klimadiagramm?

Wie zeichnet man ein Klimadiagramm?

Wir wissen jetzt, was Klimadiagramme sind und wie man sie lesen kann. Nun wollen wir selbst Klimadiagramme zeichnen – und das ist gar nicht einmal schwer!

Gezeichnet wird auf Millimeterpapier, auf dem ein feines Raster aus Linien im Abstand von 1 mm aufgedruckt ist. Zur besseren Orientierung gibt es noch ein weiteres Raster mit Linien im Abstand von jeweils 1 cm. Dadurch ist das Eintragen der Temperatur- und Niederschlagswerte sehr viel einfacher.
Am Anfang steht aber wieder eine Tabelle mit den Temperaturen und Niederschlägen:

Sevilla (Spanien)
37° 24' n. Br. / 6° 00' ö. L. - Höhe: 30 m ü. NN

Monat	J	F	M	A	M	J	J	A	S	O	N	D
T [°C]	10,7	11,9	14,0	16,0	19,6	23,4	26,8	26,9	24,4	19,5	14,3	11,1
N [mm]	84	72	55	60	30	20	2	7	21	62	102	92

Bevor wir mit dem Zeichnen beginnen, müssen wir uns noch einen schnellen Überblick über die gegebenen Werte verschaffen. Denn von ihnen hängt es ab, wie groß wir das Diagramm anlegen müssen. In unserem Beispiel liegt das Temperaturmaximum bei 26,9° C und das Niederschlagsmaximum bei 102 mm.

Schritt 1: Zeichnen der Achsen

Auf der x-Achse werden die Monate des Jahres eingetragen. Die Namen der Monate werden mit den jeweiligen Anfangsbuchstaben abgekürzt. Pro Monat wird ein Zentimeter auf der x-Achse verwendet.
Die Temperaturen werden auf der linken y-Achse abgetragen, wobei ein Zentimeter zehn Grad entspricht.

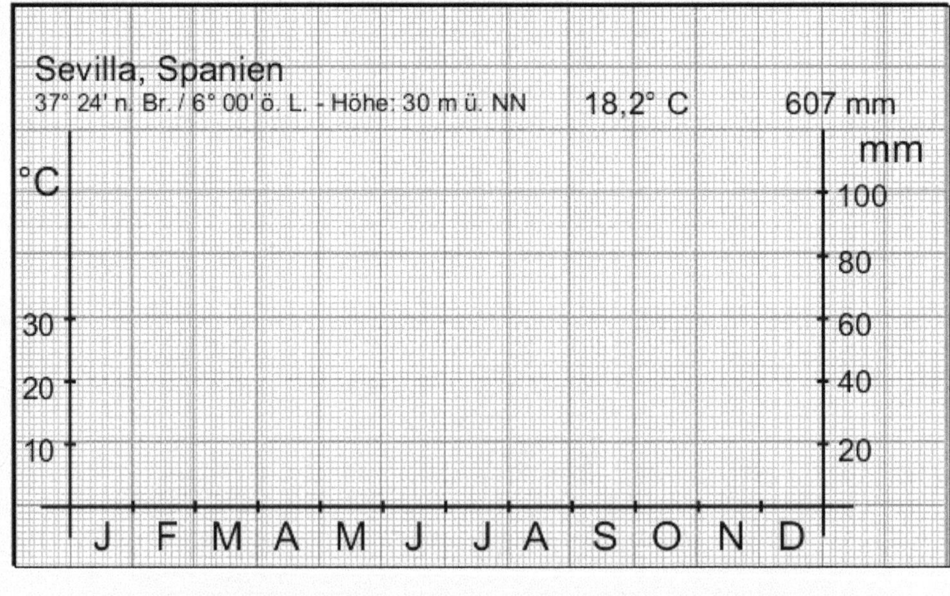

Auf der rechten y-Achse werden die Niederschläge abgetragen, wobei ein Zentimeter 20 mm Niederschlag entspricht. Die Werte der beiden y-Achsen stehen also im Verhältnis 1:2. Wichtig ist, darauf zu achten, ob es negative Temperaturen gibt, denn davon ist es abhängig, wie weit die y-Achsen unter die Nulllinie verlängert werden müssen. Für die Höhe der Achsen ist das Niederschlagsmaximum wichtig.

Oben wird der Name der Station und die Höhe eingetragen. Zusätzlich noch die Lage der Station im Gradnetz. Das ist wichtig für die spätere Interpretation des Diagramms. Weiterhin wird die Jahresdurchschnittstemperatur und die Summe der Niederschläge angegeben. Sind alle diese Vorarbeiten erledigt, dann sollte das unfertige Diagramm wie in der Abbildung aussehen.

KOHL VERLAG KLIMADIAGRAMME Grundlagen klimatischer Prozesse – Bestell-Nr. 12 398

4 Was ist ein Klimadiagramm?

Schritt 2: Zeichnen der Kurven

Nun können wir die Werte für die Temperaturen und Niederschläge in das Diagramm eintragen. Markiere hierzu jeweils den einzutragenden Wert über der Mitte eines jeden Monats mit einem kleinen x oder einem Punkt. Beachte, dass die Kurven bis an die beiden y-Achsen gezeichnet werden müssen. Trage hierzu kleine Hilfspunkte einen halben Zentimeter außerhalb des Diagramms mit den Werten des Januar (hinter den Dezember) und des Dezember (vor den Januar) ein. Mit diesen Hilfspunkten kannst du anvisieren, wo die Kurven auf die y-Achsen treffen müssen. Verbinde nun die Punkte mit Hilfe eines Lineals oder Geodreiecks durch gerade Linien miteinander. Die Temperaturkurve wird rot gezeichnet und die Niederschlagskurve blau. Achte darauf, dass du die Kurven mit den Hilfspunkten bis an die y-Achsen zeichnest.

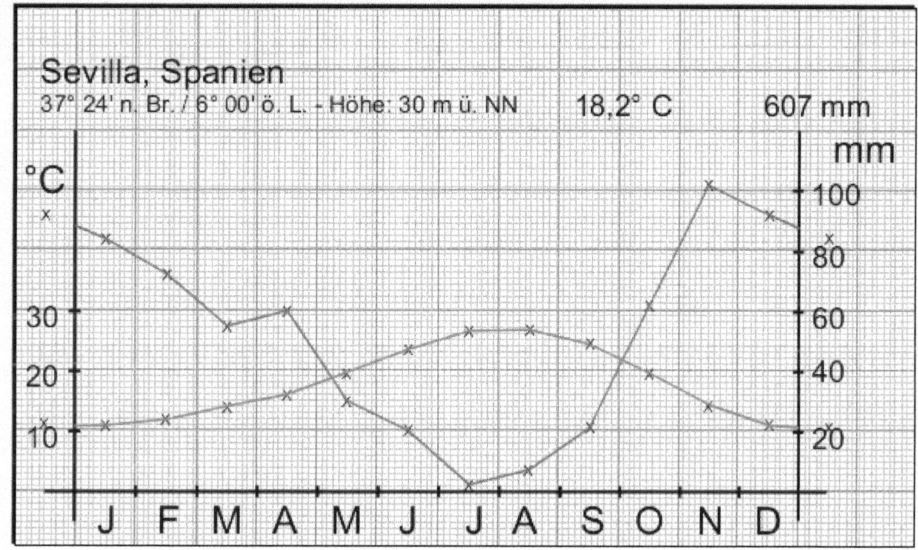

Schritt 3: Vervollständigen

Wir haben nun die Temperatur- und Niederschlagskurve in das Diagramm eingezeichnet. Jetzt müssen wir nur noch die humiden und ariden Monate kennzeichnen. Wenn die blaue Niederschlagskurve über der Temperaturkurve liegt, dann ist das Klima humid und feucht genug für das Pflanzenwachstum. Die Fläche zwischen der Niederschlagskurve wird mit senkrechten blauen Strichen ausgefüllt. Nutze hierzu wieder ein Lineal oder Geodreieck. Beachte, dass die blauen Striche niemals unter die x-Achse gezogen werden. Das würde nämlich heißen, dass es negative Niederschläge gäbe. Wenn die rote Temperaturkurve über die Niederschlagskurve reicht, dann ist das Klima arid. Im Diagramm wird hierzu die Fläche zwischen Temperaturkurve und Niederschlagskurve gepunktet. Nun ist das Klimadiagramm fertig und kann interpretiert werden.

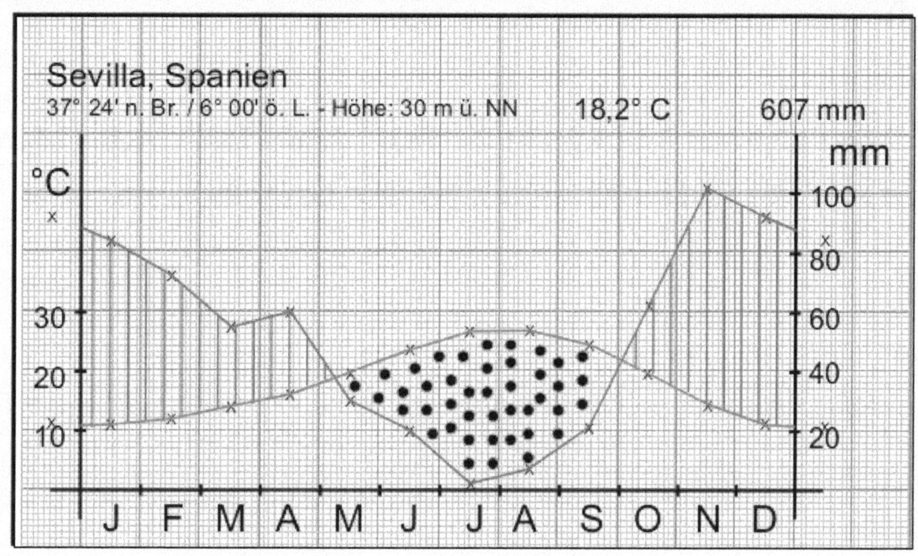

4 Was ist ein Klimadiagramm?

Aufgabe 3: *Suche dir aus der folgenden Liste mit Klimadaten zwei Orte aus und zeichne die dazu passenden Diagramme.*

a) Stockholm (Schweden)

59° 20' n. Br. / 18° 03' ö. L. – Höhe: 52 m ü. NN

Monat	J	F	M	A	M	J	J	A	S	O	N	D
T [°C]	-3	-3	-1	3	9	14	17	15	12	6	2	-2
N [mm]	36	33	33	38	38	43	61	74	48	46	48	48

b) Lissabon (Portugal)

38° 43' n. Br. / 9° 09' w. L. – Höhe: 95 m ü. NN

Monat	J	F	M	A	M	J	J	A	S	O	N	D
T [°C]	11,4	12,3	13,7	15,1	17,4	20,2	22,4	22,8	21,7	18,5	14,5	11,8
N [mm]	110	111	69	64	39	21	5	6	26	80	114	108

c) Mombasa (Kenia)

4° 2' s. Br. / 39° 37' ö. L. – Höhe: 55 m ü. NN

Monat	J	F	M	A	M	J	J	A	S	O	N	D
T [°C]	27,6	28,1	28,3	27,6	26,2	24,8	24,0	24,0	24,7	25,7	26,9	27,4
N [mm]	34	14	56	154	236	88	72	68	67	103	105	76

d) Sydney (Australien)

33° 51' s. Br. / 151° 12' ö. L. – Höhe: 6 m ü. NN

Monat	J	F	M	A	M	J	J	A	S	O	N	D
T [°C]	22,6	22,8	21,6	19,2	16,2	13,6	12,8	13,8	16,0	18,2	19,8	21,8
N [mm]	131	126	164	133	101	140	56	99	65	88	116	85

Aufgabe 4: *Wähle eines deiner Klimadiagramme aus und schreibe eine Interpretation.*

KOHL VERLAG KLIMADIAGRAMME Grundlagen klimatischer Prozesse – Bestell-Nr. 12 398

5 Klimatypen

Wir haben bereits die fünf solaren Klimazonen der Erde kennengelernt. Die Einteilung in diese Zonen findet nur anhand der vorherrschenden Jahresdurchschnittstemperaturen statt. Entsprechend grob ist die Einteilung der Klimazonen. Wie wir gesehen haben, besteht das Klima aber nicht nur aus Durchschnittstemperaturen, sondern es spielen eine ganze Reihe von Erscheinungen eine Rolle, die wir als „Klimaelemente" und „Klimafaktoren" bezeichnet haben. Je mehr Klimaelemente und -faktoren man für eine Klassifizierung des Klimas heranzieht, desto genauer wird die Klassifizierung. Der Nachteil ist jedoch, dass sie unübersichtlicher und komplizierter wird, je mehr klimatische Einflüsse berücksichtigt werden.

Ähnlich wie bei der Zuordnung zu einer der solaren Klimazonen anhand der Jahresdurchschnittstemperatur wollen wir nun auch die Niederschläge berücksichtigen, um unsere Klassifizierung des Klimas zu verfeinern. Im Zusammenhang mit den Klimadiagrammen haben wir die Begriffe „humid" für feuchtes und „arid" für trockenes Klima kennen gelernt. Diese wollen wir jetzt für eine genauere Einteilung des Klimas benutzen. Bei den Klimadiagrammen haben wir gesehen, dass es humide und aride Monate im Laufe eines Jahres geben kann. Eine Einteilung, die nur aus „humid" und „arid" besteht, wäre aber noch zu grob. Wir ergänzen daher unsere Einteilung um „semihumid" und „semiarid" (semi = „zur Hälfte") und ordnen unserer Einteilung jeweils eine bestimmte Anzahl humider Monate zu. So erhalten wir folgende neue Klimazonen, die auf den Niederschlägen beruhen:

arid (a)	0 bis 2 humide Monate pro Jahr
semiarid (sa)	3 bis 5 humide Monate pro Jahr
semihumid (sh)	6 bis 9 humide Monate pro Jahr
humid (h)	10 bis 12 humide Monate pro Jahr

Manchmal fasst man die ariden und semiariden Klimazonen unter dem Begriff „Trockenklimate" zusammen. Sie zeichnen sich durch sehr geringe Niederschläge aus, die pro Jahr weniger als 250 mm betragen. Man kann einen Ort auf einen Blick anhand seines Klimadiagramms den Trockenklimaten zuordnen, wenn der Jahresgesamtniederschlag unterhalb von 250 mm liegt. Die extrem ariden Gebiete kennen wir als Wüsten.

In der polaren und subpolaren Zone fällt zwar auch sehr wenig Niederschlag, aber hier bleiben die sehr niedrigen Temperaturen klimabestimmend. Darum spricht man hier nicht von Trockenklimaten. Die Trockenklimate findet man also nur im Bereich der Subtropen und Tropen.

KOHL VERLAG KLIMADIAGRAMME Grundlagen klimatischer Prozesse – Bestell-Nr. 12 398

5 Klimatypen

Wir haben nun zwei unterschiedliche Klassifikationen, anhand derer wir die Klimate der Erde einteilen können:

	Name	Jahresdurchschnitts-temperatur	Nieder-schläge
F	Polare Zone (bzw. Kalte Zone)	≤ -10° C	
E	Subpolare Zone (bzw. Kühle Zone)	zwischen -10° C und 0° C	
D	Mittelbreiten (bzw. Gemäßigte Zone)	zwischen 0° und 12° C	≥ 250 mm
C	Subtropen (bzw. Warme Zone)	zwischen 12° und 24° C	
B	Trockenklimate		< 250 mm
A	Tropen (bzw. Heiße Zone)	ab 25° C	≥ 250 mm

arid (a)	0 bis 2 humide Monate pro Jahr
semiarid (sa)	3 bis 5 humide Monate pro Jahr
semihumid (sh)	6 bis 9 humide Monate pro Jahr
humid (h)	10 bis 12 humide Monate pro Jahr

Die Trockenklimate wurden als zusätzliche Klimazone zu den solaren Zonen ergänzt. Weiterhin wurden den Zonen Buchstaben zugeordnet.

Kombinieren wir nun beide Klassifikationen in einer Tabelle, so erhalten wir ein neues Klassifikationsschema, das sehr viel genauer ist als jedes der beiden für sich genommen:

Klimazone	Wasserhaushalt			
	a arid (0-2)	**sa** semiarid (3-5)	**sh** semihumid (6-9)	**h** humid (10-12)
F – Polare Zone			Fsh	Fh
E – Subpolare Zone			Esh	Eh
D – Mittelbreiten	Da	Dsa	Dsh	Dh
C – Subtropen	Ca	Csa	Csh	Ch
B – Trockenklimate	Ba	Bsa		
A – Tropen	Aa	Asa	Ash	Ah

Die Tabelle ist leicht zu lesen: links stehen unsere bisherigen Klimazonen, die mit Großbuchstaben bezeichnet werden. Oben stehen unsere Niederschlagsklassen, die mit Kleinbuchstaben bezeichnet werden. Darunter stehen unsere neuen Klimatypen. Jede Buchstabenkombination kommt nur einmal vor und ist eindeutig. Zum Beispiel sagt der Klimatyp „Csa" aus, dass sich ein Ort in den Subtropen befindet und semiarid ist; es herrscht also eine Jahresdurchschnittstemperatur von 12 bis 24° C und es gibt 3 bis 5 humide Monate.

Der Vorteil unserer neuen Klassifikation ist offensichtlich: Anstatt der bisherigen 6 bzw. 4 möglichen Klimazonen verfügen wir nun über 18 neue Klimatypen.

5 Klimatypen

Aufgabe 1: *Schaue dir die folgenden Klimadiagramme an und ordne sie den entsprechenden Klimatypen zu.*

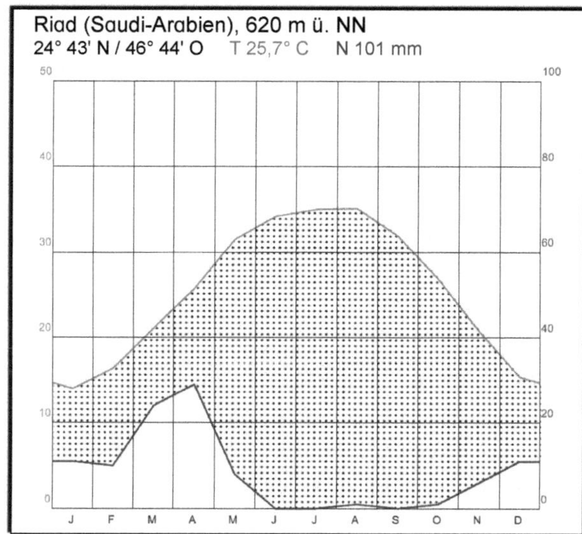

Klimatyp: ____________

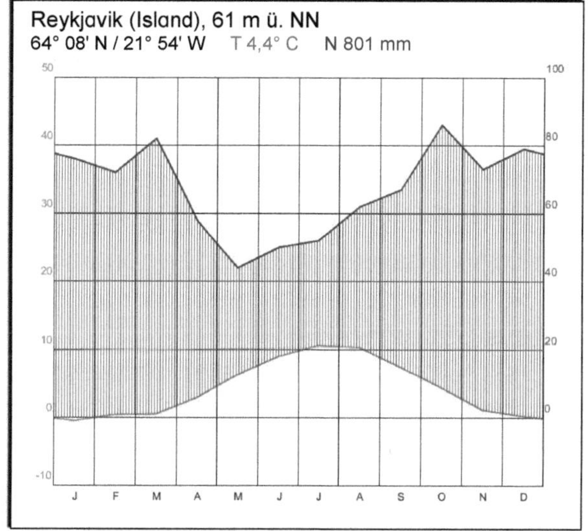

Klimatyp: ____________

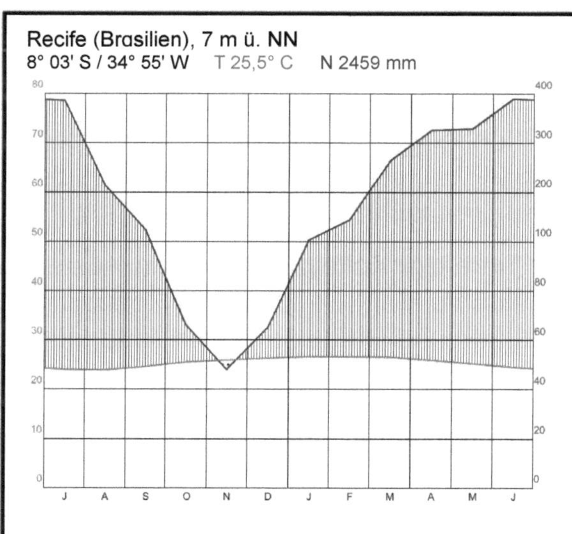

Klimatyp: ____________

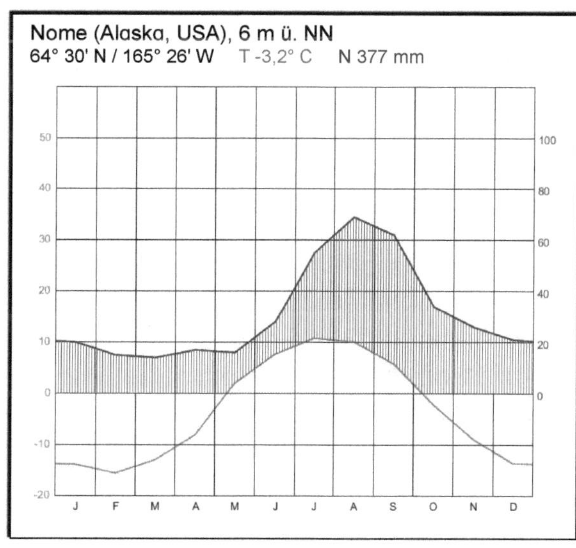

Klimatyp: ____________

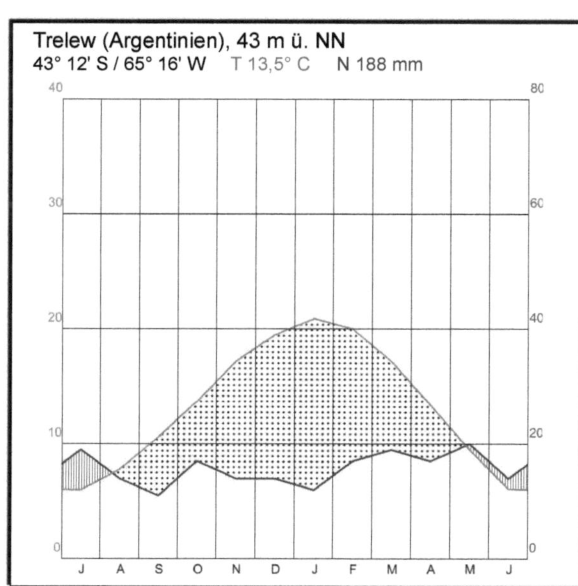

Klimatyp: ____________

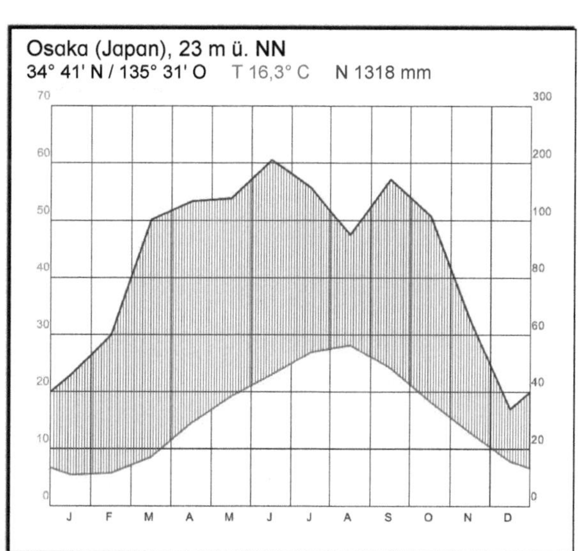

Klimatyp: ____________

6 Die Landschaften der Polaren Zone

Die polare Zone zeichnet sich durch Jahresdurchschnittstemperaturen von weniger als -10° C aus. Sie umfasst auf der Nordhalbkugel die nördlichsten Teile Alaskas, Nordkanadas, Nordrusslands und die größten Teile Grönlands. Die polare Zone umfasst auf der Nordhalbkugel ungefähr jene Gebiete, die nördlich des 70. Breitenkreises liegen. Auf der Südhalbkugel sind es ebenfalls die Gebiete jenseits des südlichen 70. Breitenkreises, also fast der gesamte südliche Kontinent Antarktika. In der polaren Zone kommen nur zwei Landschaftstypen vor: die Eisschilde und die Kältewüsten.

Die Eisschilde kommen heute nur auf Grönland und in der Antarktis vor. Während der letzten Eiszeiten reichte der nördliche Eisschild bis weit nach Nordamerika, Nordeuropa und Russland hinein. Im Süden bedeckte ein Eisschild ungefähr ein Viertel des südlichen Teils Südamerikas.
Eisschilde sind viele Meter, teilweise sogar Kilometer dick und bestehen, wie der Name schon sagt, aus Eis. Niederschläge fallen hier nur in Form von Schnee. Wegen der niedrigen Temperaturen und des fehlenden Bodens an der Oberfläche, gibt es in der Landschaft der Eisschilde keine Vegetation. Tiere halten sich nur in den Küstengebieten auf und ernähren sich von dem, was sie im Meer oder an der Küste erjagen können.

In Richtung des Äquators schließen sich an die Eisschilde die Kältewüsten an. Während sich die Eisschilde durch eine ganzjährige Schnee- und Eisdecke auszeichnen, liegt in den Kältewüsten während 9 bis 12 Monaten Schnee. Wegen der niedrigen Temperaturen von unter -10° C ist der Boden das ganze Jahr über gefroren. Man nennt dies Permafrostboden. Pflanzen können mit ihren Wurzeln in den steinhart gefrorenen Boden nicht eindringen, weshalb es in den Kältewüsten kaum Pflanzen gibt. Unter diesen Bedingungen wachsen nur einige Moose, Algen, Flechten und Pilze, die kaum Ansprüche an den Standort stellen. Es handelt sich also tatsächlich um unwirtliche Wüsten.

Wegen des geringen Nahrungsangebots leben die Tiere der Kältewüsten nur in Küstengebieten und ernähren sich aus dem Meer. Zu nennen sind hier Seevögel und Robben für die Arktis und die Antarktis, sowie Eisbären für die Arktis und Pinguine für die Antarktis.
Aufgrund der widrigen klimatischen Bedingungen ist in den Kältewüsten keine landwirtschaftliche Nutzung möglich. Lediglich die Inuit haben die Küstengebiete der nördlichen Kältewüsten in Kanada, Grönland und Nordostsibirien besiedelt. Sie leben von der Jagd und von der Fischerei.

6 Die Landschaften der Polaren Zone

Aufgabe 1: *Schau dir das folgende Klimadiagramm der McMurdo-Forschungsstation in der Antarktis an und schreibe eine Interpretation, wie du es gelernt hast.*

Hier noch ein Hinweis: Berücksichtige bei der Lagebeschreibung, dass das Rossmeer, in dem die Insel mit der Station liegt, ganzjährig zugefroren ist.

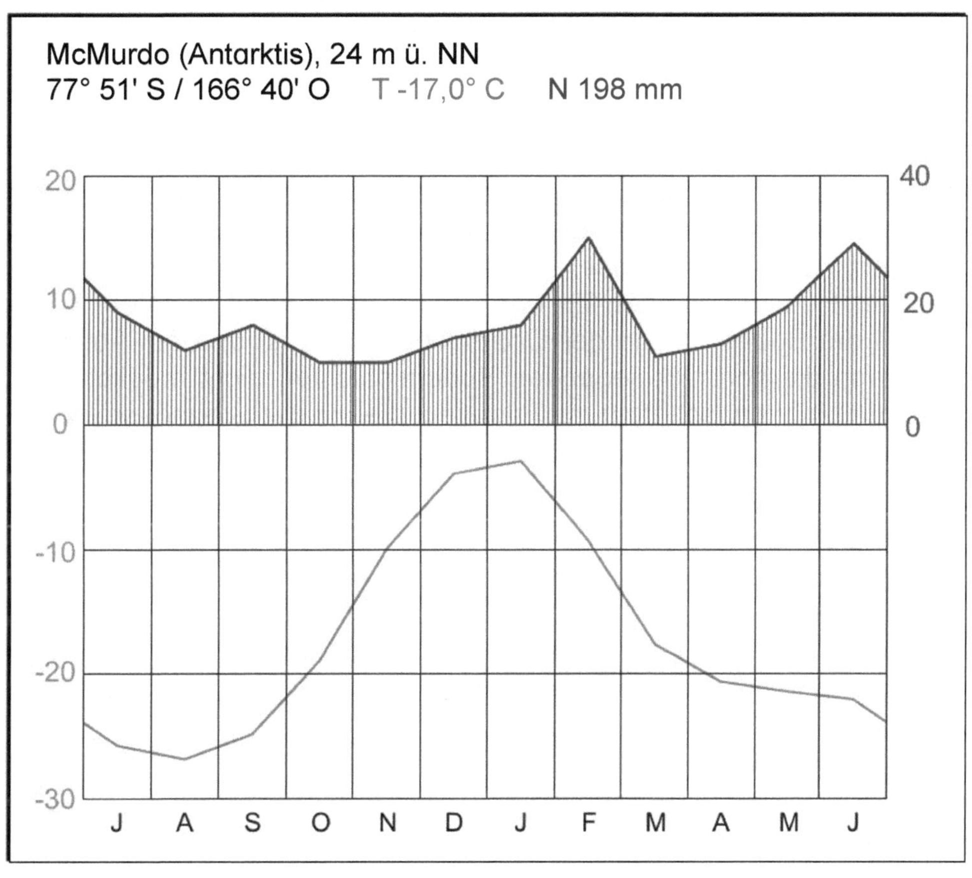

Aufgabe 2: **a)** Was versteht man unter einem Permafrostboden?

____

____

____

b) Warum wachsen auf dem Permafrostboden kaum Pflanzen?

____

____

____

Aufgabe 3: *Informiert euch in Lexika oder im Internet über die Lebensweise der Inuit. Schreibt einen kurzen Aufsatz in euer Heft, in dem ihr beschreibt, wie die Inuits mit den harten Lebensbedingungen in den Kältewüsten fertig werden.*

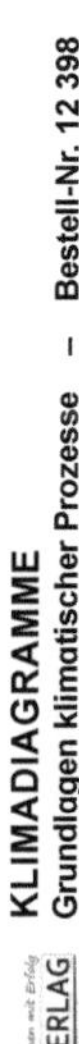

7 Die Landschaften der Subpolaren Zone

Die Subpolare Zone liegt zwischen der Polaren und der Gemäßigten Zone. Die Jahresdurchschnittstemperatur liegt zwischen -10 und 0° C, wobei der wärmste Monat eine Durchschnittstemperatur von 0° bis 10° aufweist. Wegen der niedrigen Temperaturen fallen die Niederschläge überwiegend in Form von Schnee. Der Schnee liegt während ungefähr 8 bis 11 Monaten. Die Vegetationsperiode dauert in der Subpolaren Zone zwischen 30 und 90 Tage – während dieser Zeit sind die klimatischen Bedingungen gut genug, dass Pflanzen wachsen können. Darüber hinaus ist der Boden gefroren (Permafrostboden) und taut nur in den warmen Monaten oberflächlich bis zu einer Tiefe von maximal 2 Metern auf.

Die Landschaft, die sich unter diesen Bedingungen ausbildet, nennt man „Tundra". Das Wort stammt aus der finnischen Sprache und bedeutet „baumlose Hochfläche".
Wegen des Permafrostbodens haben Pflanzen, die ihre Wurzeln tief im Erdreich verankern müssen, kaum eine Chance, sich in der Tundra anzusiedeln. Wenn in den warmen Monaten der Permafrostboden an der Oberfläche auftaut, entsteht häufig auch Staunässe, weil der Boden nur an der Oberfläche getaut ist und ein Abfließen der Niederschläge durch die darunter liegenden Bodenschichten nicht möglich ist. So entstehen ausgedehnte Moorlandschaften mit Pflanzen, die mit der Staunässe leben können.

Der Wechsel aus Permafrostboden und Staunässe stellt harte Bedingungen an jede Form von Pflanzenbewuchs. Dementsprechend karg ist die Vegetation der Tundra. Es wachsen überwiegend Moose, Gräser, Flechten und Zwergsträucher. Zum Äquator hin verbessern sich die klimatischen Bedingungen, sodass sich dort auch Bäume ansiedeln können. Manchmal grenzt man den Teil der Tundra, in dem Bäume wachsen können, auch als eigenständige Landschaft ab. Diese nennt man dann „Waldtundra". Dort wachsen in erster Linie Nadelbäume, wie z.B. Fichten, Kiefern oder Lärchen.

Die Tierwelt der subpolaren Tundra ist im Vergleich zur kargen Vegetation relativ vielfältig. Als große Säugetiere der Tundra sind (Eis-)Bären, Moschusochsen und Rentiere zu nennen. Kleinere Säugetiere sind Polarwolf und Polarfuchs, Polar- und Schneehase. Hinzu kommen zahlreiche Vogelarten, wie z.B. Raben, Gänse, Enten, Möwen und Raubvögel. Je näher man der Waldtundra kommt, umso vielfältiger wird auch die Tierwelt.

In den Tundren der Welt leben verschiedene indigene Bevölkerungen, die ehemals einen sehr naturverbundenen Lebensstil führten. Für eine landwirtschaftliche Nutzung ist das Klima der Tundren nicht geeignet. Auch die Wälder der Waldtundra können wegen der grundsätzlich schlechten Wachstumsbedingungen nicht wirtschaftlich genutzt werden. Hauptversorgungsquelle in Eurasien war die Rentierhaltung, wohingegen in Nordamerika und auf Grönland die Fischerei und die Jagd auf große Meeressäuger im Vordergrund stand. Im Zuge der Modernisierung und Technisierung hat sich der Lebensstil der indigenen Bevölkerung stark gewandelt und sich zunehmend dem westlich-industrialisierten angepasst.

KOHL VERLAG KLIMADIAGRAMME Grundlagen klimatischer Prozesse – Bestell-Nr. 12 398

7 Die Landschaften der Subpolaren Zone

Aufgabe 1: *Erkläre in eigenen Worten, wie es in der Tundra zu Moorlandschaften kommt.*

Aufgabe 2: *Was unterscheidet die Waldtundra von der Tundra?*

Aufgabe 3: **a)** *Sucht euch aus der folgenden Liste ein Tier aus.*

Eisbär / Moschusochse / Rentier / Polarwolf / Polarfuchs / Polarhase / Schneehase

Recherchiert in Lexika und im Internet über das Tier und seine Lebensweise.
Fasst eure Ergebnisse in einem Steckbrief zusammen, der ungefähr so aussehen kann:

Name:

Aussehen:

Ernährung:

Anpassung an die Umwelt:

b) *Vergleicht eure Steckbriefe mit denen der anderen Gruppen. Welche Gemeinsamkeiten und Unterschiede findet ihr in Hinblick auf die Anpassung an die Umwelt?*

KOHL VERLAG Lernen mit Erfolg
KLIMADIAGRAMME
Grundlagen klimatischer Prozesse – Bestell-Nr. 12 398

8 Die Landschaften der Mittelbreiten

Kaltgemäßigte Zone

Die Mittelbreiten oder die Gemäßigte Zone, wie man sie auch nennt, liegen zwischen den Subpolaren Zonen und den Subtropen. Sie liegen ungefähr zwischen dem 60. und dem 40. Breitenkreis.
Man unterscheidet zwischen kaltgemäßigtem und warmgemäßigtem Klima.

In der kaltgemäßigten Zone liegt die Durchschnittstemperatur des wärmsten Monats über 10° C und die des kältesten bei unter 0° C. Während etwa 4 Monaten liegt die Durchschnittstemperatur über 5° C (Vegetationsperiode), sodass in dieser Zeit Pflanzenwachstum möglich ist. Das Klima ist weitgehend humid mit maximalen Niederschlägen während der Sommermonate.
Die Landschaft, die sich unter diesen Bedingungen ausbildet, nennt man „Taiga", was aus der Russischen Sprache stammt und soviel wie „dichter, undurchdringlicher, oft sumpfiger Wald" bedeutet – und das beschreibt die Landschaft auch sehr treffend! Eine andere Bezeichnung für diese Landschaft ist „Borealer Nadelwald" (borealis = nördlich).

Der Boreale Nadelwald geht im Norden direkt in die Waldtundra über, wobei eine klare Trennung zwischen beiden Landschaften nicht möglich ist. Man trifft die borealen Nadelwälder in Nordeuropa und Nordrussland, sowie in Kanada und Alaska an.
Es sind vor allem vier Nadelbäume, die im borealen Nadelwald vorkommen: Fichten, Tannen, Kiefern und Lärchen. Sofern Laubbäume vorkommen, so handelt es sich meist um Birken oder Espen. Die Bäume sind auch ein wichtiger Wirtschaftsfaktor, denn sie werden geerntet und in der Holzindustrie weiter verarbeitet. Weil die Bäume unter den schwierigen klimatischen Bedingungen der kaltgemäßigten Zone langsam wachsen, werden immer wieder neue Bäume gepflanzt, um die geernteten zu ersetzen. Auf diese Weise wurde ein Gleichgewicht zwischen Ernte und Neupflanzung hergestellt, in dem die Wälder nicht schrumpfen. Im Gegenteil: In einigen Gegenden ist die Aufforstung sogar so erfolgreich, dass die Wälder größer geworden sind.
In den südlicheren Abschnitten der kaltgemäßigten Zone kann Ackerbau betrieben werden, doch sind die Erträge wegen der kurzen Vegetationsperiode nicht sehr ergiebig. Darum spielt der Ackerbau hier nur eine untergeordnete Rolle. Wesentlich wichtiger ist die Rentierhaltung.

Die Nadelwälder der Taiga bieten nur ein sehr eingeschränktes Nahrungsangebot für Tiere. Darum ist die Anzahl der Tiere und die Anzahl der Tierarten gering. Bei den Säugetieren sind Marder, Hirsche (darunter Rentiere), Braunbären, Wölfe, Füchse, Hasen und einige Nagetiere zu nennen. Hinzu kommen zahlreiche Vogelarten.

KOHL VERLAG KLIMADIAGRAMME Grundlagen klimatischer Prozesse – Bestell-Nr. 12 398

8 Die Landschaften der Mittelbreiten

Aufgabe 1: *Kreuze an, welche der folgenden Aussagen richtig und welche falsch sind.*

		Richtig	Falsch
A	Der Boreale Nadelwald kommt nur in den Polargebieten vor.		
B	Man unterscheidet zwischen der warmgemäßigten und der kaltgemäßigten Zone in den Mittelbreiten		
C	Obwohl der „Boreale Nadelwald“ so genannt wird, findet man trotzdem überwiegend Laubbäume.		
D	Das Klima in der Taiga ist weitgehend humid.		
E	Die Bäume des Borealen Nadelwalds werden wirtschaftlich genutzt.		

Aufgabe 2: *Erkläre in eigenen Worten, warum die Wälder des Borealen Nadelwalds nicht kleiner werden, obwohl man deren Holz wirtschaftlich nutzt.*

Aufgabe 3: *Erkläre, warum sich der Ackerbau in den südlichen Gebieten der kaltgemäßigten Zone nicht lohnt.*

Aufgabe 4: *Informiert euch im Internet über Rentiere (Aussehen, Lebensweise und Anpassung an die Umwelt) und ihre Haltung als Nutztiere. Notiert eure Ergebnisse in Stichworten und tragt sie anschließend in der Klasse zusammen.*

8 Die Landschaften der Mittelbreiten

Warmgemäßigte Zone

Die warmgemäßigte Zone grenzt sich von der kaltgemäßigten Zone dadurch ab, dass die Durchschnittstemperatur des wärmsten Monats über 20° C liegt. Im Süden grenzt sie an die Subtropen.

Die kaltgemäßigte Zone geht nahtlos in die warmgemäßigte Zone über, was sich vor allem an den Waldbeständen verdeutlicht. Waren in der kaltgemäßigten Zone die Nadelbäume vorherrschend, so gesellen sich nun zunehmend Laubbäume hinzu, je weiter man in die wärmeren Breiten kommt. Aus den reinen Nadelwäldern werden nun Mischwälder, in denen gleichermaßen Nadel- und Laubbäume stehen.

Eine Besonderheit sind reine Laubwälder, in denen fast keine Nadelbäume zu finden sind. Weil Laubbäume ihre Blätter im Herbst abwerfen und im Frühjahr neue Blätter wachsen, bezeichnet man diese Landschaft auch als „Sommergrüner Laubwald". In diesen Wäldern findet man Eichen, Buchen, Ahorne, Linden, Eschen und viele andere Arten von Laubbäumen. Damit sich ein Sommergrüner Laubwald bildet, muss das Klima in den Sommermonaten feucht-warm sein mit Temperaturen über 10° C und während des Winters eine Frostperiode mit weniger als -10° C aufweisen. Außerdem muss der Niederschlag während des Jahres mehr als 500 mm betragen. Das Klima, in dem der sommergrüne Laubwald wächst, ist humid oder zumindest semihumid und weist eine Vegetationsperiode von 6 bis 12 Monaten auf.
Wichtige Gebiete auf der Erde mit sommergrünem Laubwald finden sich in Mittel- und Osteuropa, im Nordosten der USA und im nordöstlichen China, Korea und Japan. Auf der Südhalbkugel in Südchile, im südöstlichen Australien und auf der Südinsel Neuseelands.

Dort, wo zu wenig Niederschläge für Bäume und Wälder fallen, bilden sich karge Landschaften heraus, die man als Steppen bezeichnet. Sie sind in der Regel auch weit entfernt vom Ozean gelegen und weisen ein stark kontinentales Klima auf. Die Temperaturen schwanken daher sehr stark zwischen Tag und Nacht, was ein weiteres Hindernis für die Vegetation darstellt. In den Steppen wachsen darum nur sehr genügsame Pflanzen wie Gräser, Moose, Flechten und kleine Sträucher.
Die Tierwelt hat sich an das karge Nahrungsangebot angepasst und man findet in den Steppen vor allem größere Huftiere, die die weiten Flächen abgrasen. Beispiele sind Bison und Gabelbock in den USA, die Saiga in Eurasien und die Lamas in Südamerika. Hinzu kommen kleinere Nagetiere, die unterirdisch leben.
In den Steppen mit genügend Niederschlag kann Ackerbau betrieben werden, bei dem überwiegend Weizen und Mais angebaut wird. In den Gebieten mit weniger Niederschlag überwiegt die Viehhaltung.

KOHL VERLAG KLIMADIAGRAMME Grundlagen klimatischer Prozesse – Bestell-Nr. 12 398

8 Die Landschaften der Mittelbreiten

Aufgabe 5: *Beschreibe in eigenen Worten den Unterschied zwischen den kaltgemäßigten und den warmgemäßigten Mittelbreiten. Wie äußert sich dieser Unterschied in den Waldbeständen?*

Aufgabe 6: **a)** *Was versteht man unter einem Sommergrünen Laubwald?*

b) *Welche klimatischen Bedingungen müssen erfüllt sein, damit ein Sommergrüner Laubwald wächst?*

Aufgabe 7: **a)** *Was versteht man unter einer Steppe?*

b) *Unter welchen klimatischen Bedingungen entstehen Steppen?*

KOHL VERLAG Lernen mit Erfolg
KLIMADIAGRAMME
Grundlagen klimatischer Prozesse – Bestell-Nr. 12 398

9 Die Landschaften der Subtropen

Winterfeuchte und Immerfeuchte Subtropen

Die Subtropen liegen zwischen den gemäßigten und den tropischen Zonen, wobei die Übergänge fließend sind. Man findet sie ungefähr in den Breitenkreisen zwischen 25 und 40 Grad auf beiden Halbkugeln. Ihre Jahresdurchschnittstemperatur liegt zwischen 12° und 24° C.

Man unterscheidet zwischen den (semi-)humiden und den (semi-)ariden Subtropen, in denen sich verschiedene Landschaftstypen herausbilden. Zu den (semi-)humiden Subtropen zählen die „Winterfeuchten Subtropen" und die „Immerfeuchten Subtropen".

Das Klima der **Winterfeuchten Subtropen** zeichnet sich durch trocken-heiße Sommer und regenreiche, milde Winter aus. Man trifft dieses Klima vor allem in den Gegenden um das Mittelmeer an, weshalb man es auch als „Mittelmeerklima" bezeichnet. Es kommt aber nicht ausschließlich in der Mittelmeerregion vor, sondern auf allen Kontinenten (außer Antarktika).
Die Vegetation hat sich an die klimatischen Bedingungen angepasst, sodass man in den Winterfeuchten Subtropen nur Pflanzen findet, die mit den trockenen und heißen Sommern fertig werden. Es sind vor allem Hartlaubgewächse, die unter diesen Bedingungen wachsen können. Darunter versteht man immergrüne Bäume und Sträucher mit festen, kleinen Blättern. Häufig verfügen sie über ein weit ausgedehntes Wurzelsystem, mit dem sie die spärlich vorhandene Feuchtigkeit aufnehmen können. Beispiele sind Olivenbäume, Kork- und Steineichen oder Rosmarinsträucher. Ackerbau ist wegen der ungünstigen Niederschlagsverteilung nur mit Hilfe künstlicher Bewässerung möglich.

Die Tierwelt der Winterfeuchten Tropen ist sehr vielfältig. An großen Säugetieren findet man beispielsweise Braunbären, Wildkatzen, Wildhunde, Hirsche, Schafe oder Esel. Hinzu kommen zahlreiche Arten von Greifvögeln, Hühnervögeln und Singvögeln. Des Weiteren gibt es eine Vielzahl an Reptilien.

Die **Immerfeuchten Subtropen** sind durch ganzjährige Niederschläge gekennzeichnet, die aber überwiegend in den Sommermonaten fallen. Das Klima der Immerfeuchten Subtropen ist also humid und nur in manchen Gegenden semihumid. Die Vegetation ist jener der Winterfeuchten Subtropen ähnlich, aber aufgrund der Humidität sehr viel üppiger. Man bezeichnet die Wälder in dieser Landschaft als subtropische Feuchtwälder. Sie unterscheiden sich von den Sommergrünen Laubwäldern der Mittelbreiten dadurch, dass sie mildere Winter benötigen und ihr Laub nicht abwerfen. Es herrschen auch Hartlaubgewächse vor, wobei hier die verschiedenen Lorbeergewächse zu nennen sind. Zu ihnen zählen Bäume und Sträucher, deren Pflanzenteile wir aus der Küche kennen: der Echte Zimtbaum, der Echte Lorbeer oder der Avocadobaum.
Die Tierwelt der Immerfeuchten Subtropen ist jener des Tropischen Regenwalds sehr ähnlich. Man findet verschiedene Wildkatzen, Wildhunde, Affen und Nagetiere. Aus der Vogelwelt trifft man eine große Bandbreite an Papageienarten an.
Die Böden der Immerfeuchten Subtropen sind fruchtbar und eignen sich gut für die Landwirtschaft. Es werden Getreide, Mais und Baumwolle angebaut. Die Wälder werden forstwirtschaftlich genutzt.

KOHL VERLAG KLIMADIAGRAMME Grundlagen klimatischer Prozesse – Bestell-Nr. 12 398

9 Die Landschaften der Subtropen

Aufgabe 1: *Fülle die Lücken in dem folgenden Text mit den richtigen Wörtern aus.*

Die Subtropische Zone liegt zwischen der ________________________ und der ________________. Sie liegt ungefähr auf den ________________ zwischen 25° und 40° auf der nördlichen und der südlichen ____________________.

Die Subtropen lassen sich grob untergliedern in semi-________________ und semi- ______________ Zonen.

Aufgabe 2: **a)** *Zeichnet mit den unten angegebenen Daten die Klimadiagramme für Algier und für Jacksonville (Florida, USA).*

Algier (Algerien)
36° 43' n. Br. / 3° 15' ö. L. - Höhe 25 m ü. NN

Monat	J	F	M	A	M	J	J	A	S	O	N	D
T [°C]	11,2	11,9	12,8	14,7	17,7	21,3	24,6	25,2	23,2	19,4	15,2	-2
N [mm]	79	83	74	60	41	17	4	6	35	76	93	111

Jacksonville (Florida (USA)
30° 19' n. Br. / 81° 40' w. L. - Höhe: 9 m ü. NN

Monat	J	F	M	A	M	J	J	A	S	O	N	D
T [°C]	11,6	13,0	16,7	20,0	23,5	26,5	28,0	27,5	25,9	21,2	16,7	13,1
N [mm]	83	100	93	72	93	146	137	199	180	73	55	69

b) *Schreibt Interpretationen zu den Klimadiagrammen, wie ihr es gelernt habt. Ordnet ihnen auch jeweils einen der Klimatypen zu.*

c) *Vergleicht beide Diagramme bzw. eure Interpretationen miteinander, indem ihr Gemeinsamkeiten und Unterschiede herausarbeitet. Versucht eine Zuordnung zu den Winterfeuchten und Immerfeuchten Subtropen und begründet eure Entscheidung.*

____

____

____

____

____

KOHL VERLAG Lernen mit Erfolg
KLIMADIAGRAMME Grundlagen klimatischer Prozesse – Bestell-Nr. 12 398

9 Die Landschaften der Subtropen

Winterfeuchte und Immerfeuchte Subtropen

Die (semi-)ariden Subtropen werden auch als Subtropische Trockengebiete bezeichnet und weisen sehr große Ähnlichkeiten mit den Tropischen Trockengebieten auf. Darum fasst man sie auch meist als tropisch-subtropische Trockengebiete zusammen.

In den semiariden Gebieten fällt noch genug Niederschlag, dass sich Wälder halten können. Sie unterscheiden sich von den subtropischen Feuchtwäldern dadurch, dass sie in den Trockenzeiten ihre Blätter abwerfen. Das dient dazu, die Verdunstung von Wasser über die Blätter einzuschränken. Andere Pflanzen haben auch besondere Methoden entwickelt, um Wasser zu sparen oder zu speichern. Dazu zählen beispielsweise die Kakteen, die viel Wasser in ihren Sprossachsen speichern können, um die langen Trockenzeiten zu überstehen. Man nennt die Wälder in den semiariden Gebieten auch Trockenwälder. Je trockener das Klima wird, desto schwieriger ist die Anpassung für Pflanzen und Tiere an die gegebenen Bedingungen. Mit zunehmender Trockenheit nimmt daher auch die Vegetation ab – und mit ihr der Lebensraum für die Tiere.

Die Subtropischen Trockengebiete umfassen neben den Trockenwäldern noch die Savannen, Halbwüsten und Wüsten, wobei die Übergänge zwischen ihnen fließend sind. Die Savannen sind den grasbewachsenen Steppen sehr ähnlich, die in den ariden Mittelbreiten anzutreffen sind. Der Unterschied zwischen Savannen und Steppen ist, dass man in den Savannen mehr Bäume und Sträucher findet, teilweise auch Kakteengewächse. Die Savannen gehen über in die Halbwüsten, die sich durch 10 bis 11 Monate Trockenzeit auszeichnen. Die Vegetation der Halbwüsten besteht nur aus einigen Gräsern, Sträuchern und Kakteengewächsen. Nur etwa die Hälfte der Fläche ist mit Vegetation bedeckt; die andere Hälfte besteht aus nacktem Boden. Die Halbwüsten gehen schließlich in die Wüsten über, bei denen lediglich noch knapp 5% der Fläche mit Vegetation bedeckt sind.

Die Tierwelt hat sich an die Bedingungen der subtropischen Trockengebiete angepasst, indem sie verschiedene Mechanismen entwickelt hat, um die Hitze und Trockenheit aushalten zu können. Eine ganz besondere Anpassung haben die wechselwarmen Reptilien entwickelt. Deren Körpertemperatur ist abhängig von der Umgebungstemperatur. So können sie auch Temperaturen von ungefähr 50° C ertragen. Vor Flüssigkeitsverlust schützen sich die Reptilien mit Knochenpanzern (Schildkröten) oder einer zähen, ledrigen Haut (Schlangen und Eidechsen). Den Großteil der benötigten Feuchtigkeit nehmen die Reptilien über ihre Nahrung auf.
Säugetiere halten sich tagsüber meistens im Schatten oder unter der Erde (Nagetiere) auf und werden erst nachts aktiv. Auch sie nehmen über ihre Nahrung Wasser auf. Selbst Raubtiere fressen Pflanzen und Früchte, um so Wasser aufzunehmen. Sogar das Blut ihrer Opfer dient ihnen als Wasserquelle.
Landwirtschaft ist in den Subtropischen Trockengebieten in der Regel nur mit Hilfe künstlicher Bewässerung in den Gebieten des Trockenwalds und teilweise der Savannen möglich. Die Halbwüsten und Wüsten können nicht landwirtschaftlich genutzt werden. Angebaut werden Grundnahrungsmittel wie Hirse, Erdnüsse und Mais, aber auch Bäume, deren Früchte gegessen werden können, wie z.B. Johannisbrotbäume oder Tamarinden.

KOHL VERLAG KLIMADIAGRAMME Grundlagen klimatischer Prozesse – Bestell-Nr. 12 398

9 Die Landschaften der Subtropen

Aufgabe 3: **a)** *Was sind Trockenwälder?*

b) *Wie hat sich die Vegetation an die Trockenzeiten angepasst?*

Aufgabe 4: *Erkläre in eigenen Worten den Unterschied zwischen Steppen und Savannen.*

Aufgabe 5: *Schaut euch das folgende Luftbild genau an. Es zeigt ein Getreidefeld in den USA. Die Durchmesser solcher Kreise können ungefähr 600 bis 800 m betragen. Wie ist es wohl zu diesem merkwürdigen Muster gekommen?*

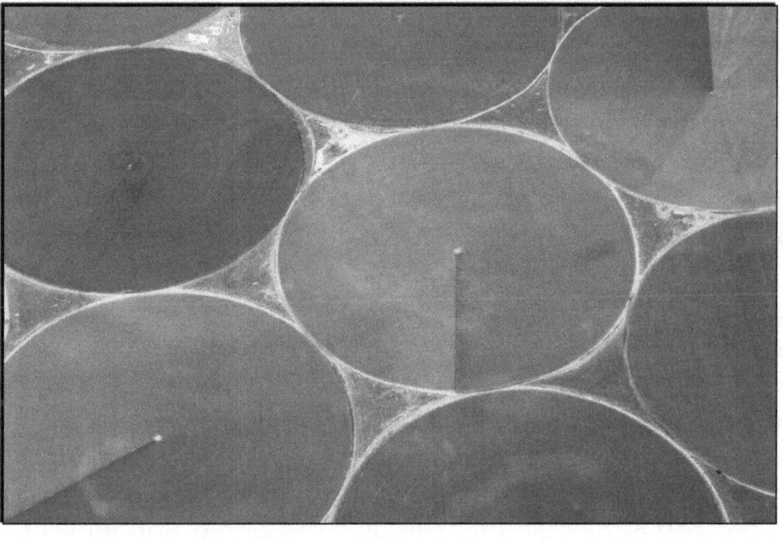

KOHL VERLAG KLIMADIAGRAMME Grundlagen klimatischer Prozesse – Bestell-Nr. 12 398

10 Die Landschaften der Tropen

Immerfeuchte Tropen

Die Klimazone der Tropen liegt um den Äquator und erstreckt sich nach Norden und Süden bis zu den beiden Wendekreisen bei 23° 26' Nördlicher und Südlicher Breite. Nördlich und südlich werden die Tropen von den Subtropen eingeschlossen, wobei die Übergänge fließend sind. Die Landschaften, die sich unter den klimatischen Gegebenheiten ausbilden, sind sich daher in den Tropen und Subtropen sehr ähnlich. Die Jahresdurchschnittstemperatur liegt in den Tropen über 24° C.

Abhängig von der Humidität bzw. Aridität unterscheidet man zwischen den Immerfeuchten Tropen, den Wechselfeuchten Tropen und den Trockenen Tropen.

In den Immerfeuchten Tropen sind 9,5 bis 12 Monate humid. Der Jahresgesamtniederschlag liegt meist über 2000 mm – in Deutschland sind es etwa 789 mm. Zusammen mit den während des ganzen Jahres herrschenden hohen Temperaturen sind die Bedingungen für Pflanzenwachstum sehr gut. Aufgrund der dauerhaft günstigen Bedingungen gibt es in den Immerfeuchten Tropen praktisch keine klar begrenzten Jahreszeiten.

Lediglich im Frühjahr und im Herbst gibt es Regenzeiten, in denen sehr viel mehr Regen fällt als während des übrigen Jahres. Wir kennen diese Landschaft auch als Tropischen Regenwald. Die Pflanzen sind während des ganzen Jahres hindurch grün. Eine Besonderheit des Tropischen Regenwalds ist sein sogenannter „Stockwerkbau". Im Regenwald wächst die Vegetation vom Boden aus in vertikalen Schichten, den Stockwerken. Unten am Boden liegt die Bodenschicht, die aus abgestorbenen Tier- und Pflanzenresten besteht. Sie stellt den Lebensraum für Pilze, Algen, Bakterien und andere Mikroorganismen dar, welche die abgestorbenen Reste zersetzen und sich von ihnen ernähren. Direkt über der Bodenschicht liegt die Krautschicht. Hier wachsen Kräuter, Gräser und kleine Sträucher. Sie reicht bis ungefähr 1,5 m in die Höhe. Darüber liegt die Strauchschicht, in der Sträucher und junge Bäume wachsen, die bis zu 5 m hoch werden. Über der Strauchschicht liegt die Baumschicht bzw. liegen die Kronen der Bäume. Die Bäume im Tropischen Regenwald können bis zu 60 m hoch werden. Je nachdem, wie dicht die Bäume stehen, bilden sie ein geschlossenes Blätterdach. Das hat den Vorteil, dass der Regen nicht ungehindert auf den Boden fällt und ihn so wegschwemmen könnte. Nachteilig ist aber, dass die Baumkronen nur wenig Sonnenlicht durchlassen. Die Pflanzen der unteren Schichten müssen also mit wenig Sonnenlicht auskommen können. Den Stockwerkbau findet man prinzipiell in fast jedem Wald, doch ist er im Tropischen Regenwald wegen der ungeheuren Dichte verschiedener Pflanzen besonders ausgeprägt.

Die Tierwelt des Tropischen Regenwalds ist ebenfalls äußerst vielfältig. Allein der Stockwerkbau des Regenwalds bietet Unterschlupf und Nahrung für die verschiedensten Tiere. Letztlich stellt jedes Stockwerk einen eigenen Lebensraum dar, in dem die dort lebenden Tiere an die herrschenden Bedingungen angepasst sind.

KOHL VERLAG KLIMADIAGRAMME Grundlagen klimatischer Prozesse – Bestell-Nr. 12 398

10 Die Landschaften der Tropen

Aufgabe 1: *Kreuze an, welche der folgenden Aussagen richtig und welche falsch sind.*

		Richtig	Falsch
A	Die Tropen und die Subtropen grenzen direkt aneinander.		
B	In den Tropen regnet es ständig.		
C	In den Immerfeuchten Tropen gibt es keine klar abgrenzbaren Jahreszeiten.		
D	Im Tropischen Regenwald ist der sogenannte „Stockwerkbau" der Vegetation besonders ausgeprägt.		
E	Durch den Stockwerkbau gibt es im Tropischen Regenwald eine Vielfalt an Lebensräumen auf engstem Raum, die von Tieren bevölkert werden können.		

Aufgabe 2: *Beschrifte in der folgenden Abbildung die Schichten des Stockwerkbaus im Tropischen Regenwald. Gib auch an, bis in welche Höhe die einzelnen Schichten jeweils reichen.*

Aufgabe 3: *Recherchiert in Lexika und im Internet Tiere, die im Tropischen Regenwald leben. Sucht für jede Kategorie mindestens fünf verschiedene Tiere.*

Gliederfüßer (Insekten, Spinnentiere)	Reptilien	Vögel	Säugetiere

KOHL VERLAG KLIMADIAGRAMME Grundlagen klimatischer Prozesse – Bestell-Nr. 12 398

Die Landschaften der Tropen

Wechselfeuchte Tropen

In den Wechselfeuchten Tropen ist es während 4,5 bis 9,5 Monaten humid. Sie werden noch weiter unterteilt in die Feuchtsavanne, die Trockensavanne und die Dornsavanne.

Die **Feuchtsavanne** weist während 7 bis 9,5 Monaten ein humides Klima auf, wobei die Jahresgesamtniederschläge zwischen 1000 und 1500 mm betragen. Die ausgedehnte Regenzeit liegt im Sommer und die kurze Trockenzeit im Winter. Die Vegetation hat sich an den Wechsel von Trocken- und Regenzeiten angepasst. Einige Bäume werfen während der Trockenzeit ihre Blätter ab, um so Wasser zu sparen, das sonst über die Blätter verdunsten würde. Andere Bäume können ihre Blätter auch während der Trockenzeit behalten. Diese Blätter sind dann meist klein und ledrig, damit möglichst wenig Wasser verdunsten kann. In der Feuchtsavanne findet man eine fast durchgängige Grasdecke, in der besonders hohe Gräser wachsen. Manche Gräser können sogar bis zu 6 / 7 m hoch werden. Die Feuchtsavanne bildet den Übergang vom Tropischen Regenwald zur Trockensavanne, wobei auch hier die Grenzen fließend sind. Je weiter man sich vom Tropischen Regenwald entfernt, um so länger dauert die Trockenzeit. Das kann man auch an der Wuchshöhe der Bäume sehen. Während im Tropischen Regenwald die Bäume bis zu 60 m hoch werden können, werden die Bäume um so kleiner, je arider das Klima wird.

In der **Trockensavanne** ist das Klima nur noch während 4,5 bis 7 Monaten humid, wobei die Niederschläge nur noch 500 bis 1000 mm betragen und überwiegend in den Sommermonaten fallen. Die Vegetation besteht aus einer geschlossenen Grasdecke und vereinzelt stehenden Bäumen. Die Gräser werden nur noch maximal 1 bis 2 m hoch und vertrocknen in der Trockenzeit. Die Bäume stehen vereinzelt und werfen in der Trockenzeit ihre Blätter ab. Manche Bäume speichern auch Wasser im Stamm, um die Trockenzeit zu überstehen. Das beste Beispiel ist der Afrikanische Affenbrotbaum, der einen Stammdurchmesser von bis zu über 15 m haben kann. Lediglich an Flüssen, wo ganzjährig Wasser vorhanden ist, wachsen Wälder.

Die **Dornsavanne** weist nur noch 2 bis 4,5 humide Monate auf, wobei der Jahresgesamtniederschlag nur 200 bis 500 mm beträgt. Die meiste Zeit des Jahres herrscht also Trockenheit und nur während der Sommermonate fallen die spärlichen Niederschläge. Die Dornsavanne ist also streng genommen nicht eindeutig den Wechselfeuchten oder den Trockenen Tropen zuzuordnen.
Die Vegetation ist jener der Trockensavanne sehr ähnlich, jedoch noch kärglicher. Der Boden ist nur noch wenig mit Vegetation bedeckt. Gräser erreichen lediglich Kniehöhe und wachsen in Inseln oder Büscheln. Vielfach ist der sandige oder steinige Boden direkt der Witterung ausgesetzt. Andere Pflanzen überleben nur, indem sie Wasser speichern, um die ausgedehnte Trockenzeit zu überstehen. Beispiele sind der Afrikanische Affenbrotbaum und Kakteen.

Die **Tropischen Trockengebiete** mit ihren (Halb-)Wüsten sind mit denen der Subtropen weitgehend identisch.

KOHL VERLAG KLIMADIAGRAMME Grundlagen klimatischer Prozesse – Bestell-Nr. 12 398

10 Die Landschaften der Tropen

Aufgabe 4: *Fülle die Lücken in dem folgenden Text aus.*

An den Tropischen Regenwald schließt sich direkt die ______________________ an. Pro Jahr fallen hier zwischen __________ und ____________ mm Niederschlag. Das Klima ist arider als im Tropischen Regenwald, sodass die ____________ kleiner werden, je trockener das Klima wird.

Die Trockensavanne zeichnet sich durch ______________________ Monate aus, in denen ungefähr ______ bis ________ mm Niederschlag fallen. Die trockenste Landschaft der ________________________ ist die ____________________________.

Aufgabe 5: *Schaue dir die folgenden Klimadiagramme genau an. Versuche sie den richtigen Landschaften der Wechselfeuchten Tropen zuzuordnen. Begründe deine Zuordnung.*

a)

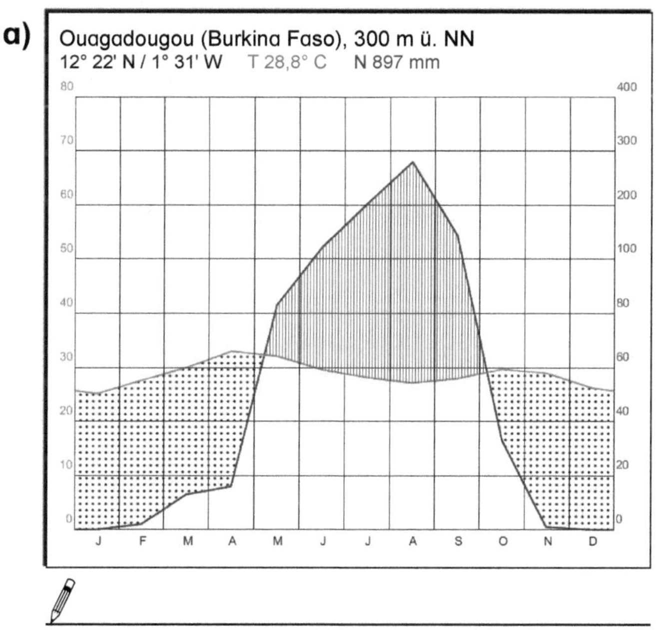

____

b)

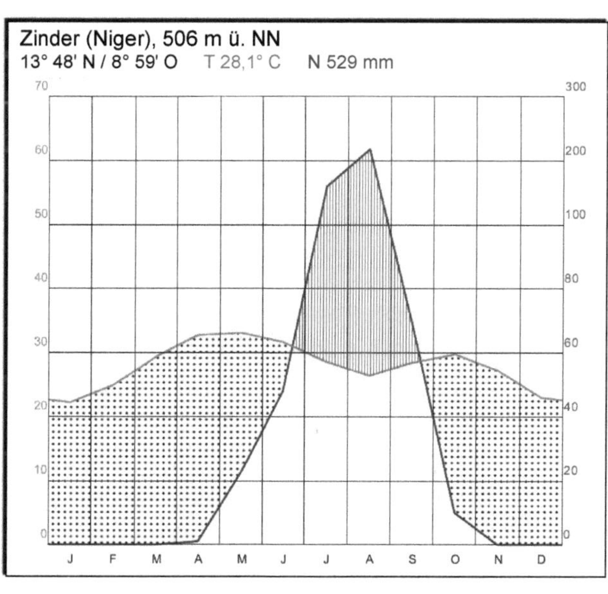

____

c)

Enugu (Nigeria), 140 m ü. NN
6° 38' N / 7° 33' O T 27,4° C N 1754 mm

J F M A M J J A S O N D

____

Begründung:

____

____

____

____

____

____

____

____

____

KLIMADIAGRAMME Grundlagen klimatischer Prozesse – Bestell-Nr. 12 398
KOHL VERLAG

11 Exkurs: Höhenklima

Bei dem nebenstehenden Bild handelt es sich nicht um eine Fotomontage. Ihr könnt euren Augen ruhig trauen: Man sieht zwei Elefanten und im Hintergrund einen Berg mit schneebedeckter Kuppe. Passen Schnee und Elefanten überhaupt zusammen? Bei dem Berg handelt es sich um den Kibo, der zum Kilimandscharo-Bergmassiv gehört und in Tansania in Afrika liegt. Sein Gipfel liegt 5895 m über dem Meeresspiegel, wodurch er der höchste Berg Afrikas ist.

Aufgrund seiner Lage bei 3° 3' südlicher Breite und 37° 21' östlicher Länge würden wir am Kibo eigentlich ein tropisches Klima erwarten. Das Klima in der Region ist tatsächlich tropisch, doch wegen seiner Höhe herrscht am Gipfel des Kibo ein anderes Klima als an dessen Fuß.
Man bezeichnet solche klimatischen Ausnahmen als „Höhenklima" oder „Gebirgsklima". Als Faustregel gilt, dass pro 100 Höhenmeter die Temperatur um 0,5 - 0,6° C fällt. Das ergibt pro 1000 m also einen Temperaturabfall von 5 - 6° C.

Je höher man steigt, desto kälter wird es. Die Abnahme der Temperatur mit der Höhe wirkt sich auch in der Form einer verkürzten Vegetationsperiode aus. Ab einer bestimmten Höhe können darum keine Bäume mehr wachsen. Diese Grenze bezeichnet man auch als Waldgrenze. Auf welcher Höhe die Waldgrenze liegt, ist unter anderem abhängig von der geographischen Breite des Berges oder Gebirges. In einem Gebiet, in dem es wegen seiner klimatischen Gegebenheiten bereits kalt ist, liegt die Waldgrenze natürlich niedriger als in einem sehr warmen Gebiet. Am Kibo liegt die Waldgrenze bei ungefähr 3000 m.

Steigt man noch höher hinauf, so ähnelt die Landschaft irgendwann immer mehr jener, die man in der Subpolaren und in der Polaren Zone findet. Es wird immer kälter und die Vegetation nimmt ab – bis schließlich gar keine Pflanzen mehr wachsen. Schließlich erreicht man eine Höhe, in der das ganze Jahr über Schnee liegt. Diese Höhe bezeichnet man als Schneegrenze. Sie liegt am Kibo bei ungefähr 4800 m Höhe.

11 Exkurs: Höhenklima

Aufgabe 1: *Erkläre, warum man in den Tropen auch Gebiete ewigen Eises finden kann.*

Aufgabe 2: **a)** *Was versteht man unter einer „Waldgrenze"?*

b) *Was versteht man unter einer „Schneegrenze"?*

Aufgabe 3: Touren auf die Berge des Kilimandscharo beginnen häufig in der kleinen Stadt Moshi in Tansania, die am Fuß des Bergmassivs gelegen ist. Moshi liegt ungefähr 800 Meter über dem Meeresspiegel und weist eine Jahresdurchschnittstemperatur von 22,7° C auf. Dass die Jahresdurchschnittstemperatur in Moshi unter den 25° C liegt, die wir als Richtwert für die Tropen kennen gelernt haben, ist durch die klimatischen Einflüsse der Berge begründet.

Berechne anhand der Faustregel die Temperaturen für die folgenden Höhen am Kilimandscharo und trage sie in die Tabelle ein.

5800 m ü. NN	
4800 m ü. NN	
3800 m ü. NN	
2800 m ü. NN	
1800 m ü. NN	
Moshi – 800 m ü. NN	**22,7° C**

KLIMADIAGRAMME
Grundlagen klimatischer Prozesse – Bestell-Nr. 12 398

12 Lösungen

1 Die Jahreszeiten

Aufgabe 1: Die Erde dreht sich innerhalb von 24 Stunden einmal um die eigene Achse. Durch die Eigendrehung wendet die Erde einmal die eine Seite der Sonne zu und einmal die andere Seite. Auf der Seite der Erde, die der Sonne zugewandt ist, herrscht Tag und auf der anderen Seite Nacht.

Aufgabe 2: Die Erdachse steht nicht senkrecht zu ihrer Bahn um die Sonne, sondern ist geneigt. Während nun die Erde im Laufe eines Jahres einmal um die Sonne wandert, verändert sich jeweils der Winkel, in dem die Erde der Sonne zugeneigt ist. Darum herrschen auf den Halbkugeln unterschiedliche Jahreszeiten: Während im Winter die Nordhalbkugel der Sonne eher abgeneigt ist, ist die Südhalbkugel ihr eher zugeneigt. Wenn auf der Nordhalbkugel Winter herrscht, ist es auf der Südhalbkugel Sommer – und umgekehrt.

Aufgabe 3:

a) **Winter- und Sommersonnenwende**: Bezieht sich auf die Veränderung des Neigungswinkels der Erdachse zur Sonne. Während zweier Tage im Jahr findet ein Wechsel von Zuneigung und Abneigung statt. Während der Wintersonnenwende (21. Dezember) findet der Wechsel von der Abneigung des nördlichen Endes der Erdachse statt hin zur Zuneigung (auf der Südhalbkugel umgekehrt). Zur Sommersonnenwende (21. Juni) findet die umgekehrte Bewegung statt. Die Sonnenwendtage markieren auch jene Daten, ab denen die Tage wieder länger bzw. kürzer werden.

b) **Tagundnachtgleiche**: Liegen zwischen den Sonnenwendtagen und sind die Tage, an denen Tag und Nacht genau gleich lang sind. Die Frühlings-Tagundnachtgleiche findet am 21. März und die Herbst-Tagundnachtgleiche am 23. September statt.

2 Wetter oder Klima?

Aufgabe 1: Richtige Antworten: C, D, E, F

Aufgabe 2: Klima ist ein Sammelbegriff, unter dem zwei weitere Sammelbegriffe zusammengefasst werden. Die Klimaelemente umfassen die atmosphärischen Erscheinungen (Temperatur, Niederschlag usw.), die auch das Wetter ausmachen. Die Klimaelemente werden aber in Form von Durchschnittswerten und Summen auf einen Zeitraum von 30 Jahren bezogen. Klimafaktoren sind alle geographischen Gegebenheiten eines Gebiets, die sich auf das Klima auswirken können. Dazu zählen beispielsweise die Nähe zu Meeren oder Gebirgen.

Aufgabe 3: Die Ausdrücke „maritimes Klima" und „kontinentales Klima" beziehen sich auf die Ausprägung der klimatischen Bedingungen, wie sie durch die Nähe bzw. Ferne zum Meer entstehen (Klimafaktoren). Das „maritime Klima" ist ausgeglichener, weil das nahe Meer in den warmen Monaten die Wärme speichert und in den kalten Monaten wieder abgibt. Weil sich die Wassermassen langsamer erwärmen als Landmassen, wirkt das Meer ausgleichend auf die Temperaturen im Laufe eines Jahres und des Tages. Beim „kontinentalen Klima" fehlt die ausgleichende Wirkung des Meeres, sodass es während des Tages und des Jahres größere Temperaturschwankungen gibt.

KOHL VERLAG KLIMADIAGRAMME Grundlagen klimatischer Prozesse – Bestell-Nr. 12 398

12 Lösungen

3 Die Klimazonen

Aufgabe 1: Der grundlegende Temperaturunterschied zwischen den Polen und dem Äquator liegt in der Kugelgestalt der Erde begründet. Durch die Neigung der Erdoberfläche treffen an den Polen weniger Sonnenstrahlen (und damit Wärmeenergie) auf die gleiche Fläche auf wie am Äquator.

Aufgabe 2: Durch die Kugelgestalt der Erde treffen auf der Oberfläche unterschiedlich viele Sonnenstrahlen und mit ihnen Wärmeenergie auf. Man hat die Erde daher in fünf Zonen unterteilt, die sich durch gleiche Jahresdurchschnittstemperaturen auszeichnen. Diese Zonen nennt man „solare Klimazonen", sie ziehen sich wie Bänder von West nach Ost um die Erde.

Aufgabe 3:

a) Barra (Brasilien): 25,5° C, Tropen
b) Murmansk (Russland): -0,1° C, Subpolare Zone
c) Wien (Österreich): 9,9° C, Mittelbreiten

4 Klimadiagramme

Aufgabe 1:

a) Stockholm:
Temperaturmaximum: Juli; Temperaturminimum: Januar/Februar;
Niederschlagsmaximum: August; Niederschlagsminimum: Februar/März;
humide Monate: alle; aride Monate: keine

b) Kairo:
Temperaturmaximum: Juni-August; Temperaturminimum: Januar;
Niederschlagsmaximum: Dezember-März; Niederschlagsminimum: Juni-September;
humide Monate: keine; aride Monate: alle

c) Berlin: Temperaturmaximum: Juli; Temperaturminimum: Januar;
Niederschlagsmaximum: Juli; Niederschlagsminimum: Februar;
humide Monate: alle; aride Monate: keiner

Aufgabe 2:

a) Santiago (Chile) Teil 1:

(1)	Orientierung	
	- Name: Santiago in Chile - Lage im Gradnetz: 33° 27' s. Br. / 70° 42' w. L. → Santiago liegt auf der Südhalbkugel, was man auch daran erkennen kann, dass die x-Achse mit dem Monat Juli beginnt. - Höhenlage: 520 m ü. NN - Lagebeschreibung: Santiago liegt in Chile in Südamerika auf der Südhalbkugel. Es liegt ungefähr 100 km vom Pazifischen Ozean entfernt. Im Osten Santiagos liegen die Ausläufer der Anden.	
(2)	**Ablesen und Ermitteln**	
	<u>Temperaturen:</u> - mittlere Jahrestemperatur: 13,6° C - Temperaturmaximum im Januar bei ca. 20,2° C - Temperaturminimum im Juli bei ca. 7,3° C - Jahresamplitude: 12,9° C	<u>Niederschläge:</u> - Gesamtniederschlag: 262 mm - Niederschlagsmaximum im Juli mit ca. 81 mm - Niederschlagsminimum im Januar bei 0 mm

4 Klimadiagramme

Aufgabe 2: **a)** Santiago (Chile) Teil 1:

(3)	Beschreiben
	- Während ungefähr 4,5 Monaten ist das Klima humid und während der verbleibenden 7,5 Monate arid. - Der Temperaturverlauf des Jahres weist im Sommer ein Maximum bei 20,2° C auf bei einer Jahresamplitude von 12,9° C. - Die Temperaturen liegen ganzjährig über 5° C, sodass von den Temperaturen her eine ganzjährige Vegetationsperiode bestünde. Diese wird jedoch durch aride Monate vom September bis April unterbrochen. Die Vegetationsperiode für Santiago ist daher abhängig von den humiden Monaten (Mai bis August).
(4)	**Begründen und Einordnen**
	Santiago liegt auf der Südhalbkugel, weshalb der Sommer am Jahresende und -anfang liegt mit einem Temperaturmaximum im Januar bei 20,2° C. Die Jahresdurchschnittstemperatur liegt bei 13,6° C, weshalb sich Santiago den Subtropen (Jahresdurchschnittstemperatur zwischen 12° C und 24° C) zuordnen lässt. Die Entfernung Santiagos vom Meer (ca. 100 km) wirkt sich leicht mäßigend auf den Temperaturverlauf aus, weist aber bei einer Jahresamplitude von 12,9° C auf ein leicht kontinentales Klima hin.

a) Santiago (Chile) Teil 2:
Die Kontinentalität des Klimas lässt sich mit der Formel von Iwanow abschätzen:
Kontinentalität K = 260 • Jahresamplitude / geographische Breite. Dabei gilt bei K < 100 maritim, bei 100 < K < 200 kontinental und bei K > 200 hochkontinental.
Im Beispiel Santiago ist K = 101, sodass das Klima nicht mehr als maritim bezeichnet werden kann, aber ein Einfluss des Meeres durchaus noch spürbar ist.

b) Singapur

(1)	Orientierung	
	- Name: Singapur - Lage im Gradnetz: 1° 22' n. Br. / 103° 59' ö. L. - Höhenlage: 16 m ü. NN - Lagebeschreibung: Singapur ist ein Stadtstaat in Südostasien und besteht aus einer Hauptinsel und mehreren kleineren Inseln. Der Staat Singapur liegt südlich der Malaiischen Halbinsel und nördlich von Indonesien (Sumatra). Die Stadt Singapur liegt am südlichen Ende der Hauptinsel.	
(2)	**Ablesen und Ermitteln**	
	Temperaturen: - mittlere Jahrestemperatur: 26,7° C - Temperaturmaximum im Mai bei 27,5° C - Temperaturminimum im Dezember bei 25,7° C - Jahresamplitude: 1,8° C	Niederschläge: - Gesamtniederschlag: 2150 mm - Niederschlagsmaximum im Dezember bei 304 mm - Niederschlagsminimum im Juni bei 140 mm (April 141 mm; August 143 mm)
(3)	**Beschreiben**	
	- Während des gesamten Jahres ist das Klima ausgesprochen humid. - Der Temperaturverlauf des Jahres weist nur sehr geringe Schwankungen ohne eindeutige Maxima oder Minima auf. Die Jahresamplitude beträgt nur 1,8° C. - Die Temperaturen liegen ganzjährig über 5° C und es herrschen humide Bedingungen, sodass die Vegetationsperiode volle 12 Monate dauert, es also keine Vegetationsruhe gibt.	
(4)	**Begründen und Einordnen**	
	Singapur liegt in unmittelbarerer Nähe des Äquators, wodurch sich der sehr konstante Temperaturverlauf erklärt. Weiterhin liegt Singapur direkt am Meer, wodurch ein sehr maritimes Klima vorherrscht. Die Jahresdurchschnittstemperatur liegt bei 26,7° C, sodass sich Singapur den Tropen (Jahresdurchschnittstemperatur über 25° C) zuordnen lässt.	

4 Klimadiagramme

Aufgabe 3 / 4: a) **Stockholm**

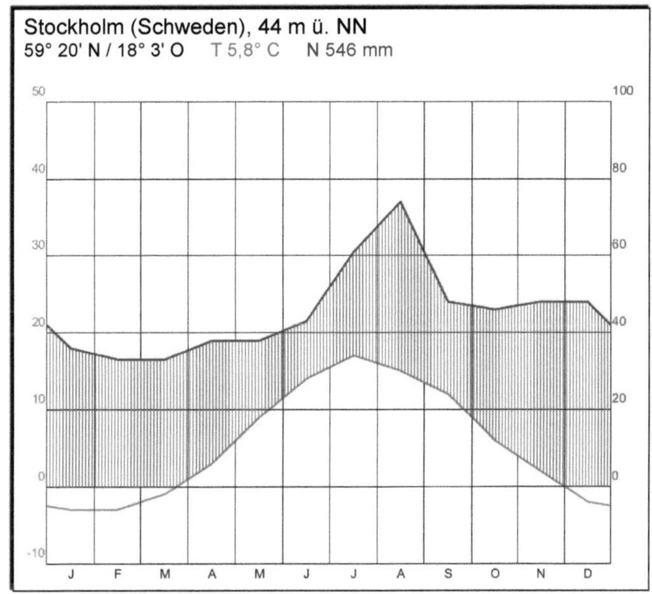

(1) Orientierung

- Name: Stockholm
- Lage im Gradnetz: 59° 20' n. Br. / 18° 03' ö. L.
- Höhenlage: 52 m ü. NN
- Lagebeschreibung: Stockholm ist die Hauptstadt des nordeuropäischen Staates Schweden. Stockholm liegt an der Ostküste Schwedens an der Ostsee.

(2) Ablesen und Ermitteln

Temperaturen:	Niederschläge:
- mittlere Jahrestemperatur: 5,8° C - Temperaturmaximum im Juli bei 17° C - Temperaturminimum im Januar/Februar bei -3° C - Jahresamplitude: 20° C	- Gesamtniederschlag: 546 mm - Niederschlagsmaximum im August mit 74 mm - Niederschlagsminimum im Februar/März mit 33 mm

(3) Beschreiben

- Während des gesamten Jahres ist das Klima humid, wobei es im August ein Niederschlagsmaximum mit 74 mm gibt.
- der Temperaturverlauf des Jahres weist relativ starke Schwankungen zwischen den Winter- und Sommermonaten auf. Die Jahresamplitude beträgt 20° C.
- Die Temperaturen liegen nur in den Monaten Mai bis Oktober über 5° C, sodass die Vegetationsphase nur ungefähr ein halbes Jahr beträgt.

(4) Begründen und Einordnen

Die Jahresdurchschnittstemperatur Stockholms liegt bei 5,8° C, weshalb es der gemäßigten Klimazone bzw. den Mittelbreiten (Durchschnittstemperatur zwischen 0° und 12° C) zugeordnet werden kann.

4 Klimadiagramme

Aufgabe 3 / 4: **b)** **Lissabon**

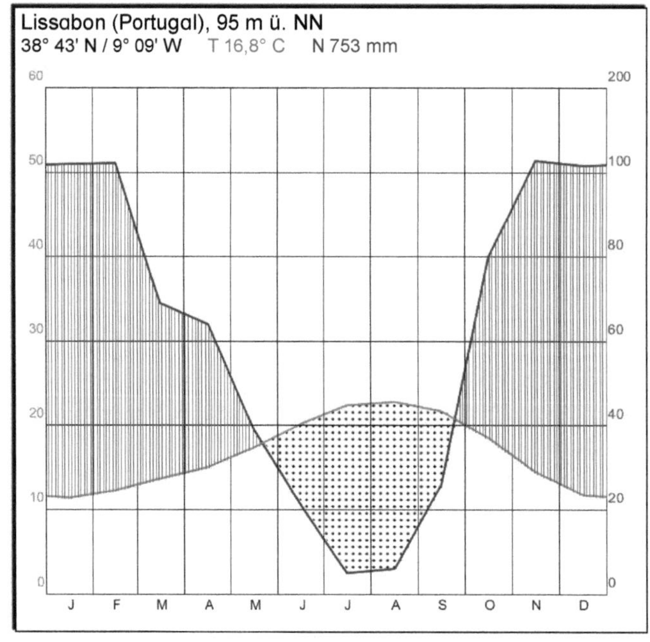

(1) Orientierung

- Name: Lissabon
- Lage im Gradnetz: 38° 43' n. Br. / 9° 09' w. L.
- Höhenlage: 95 m ü. NN
- Lagebeschreibung: Lissabon ist die Hauptstadt des europäischen Staates Portugal. Portugal liegt im Südwesten der Iberischen Halbinsel an der Atlantikküste. Lissabon liegt im Westen Portugals am Atlantik.

(2) Ablesen und Ermitteln

Temperaturen:	Niederschläge:
- mittlere Jahrestemperatur: 16,8° C - Temperaturmaximum im August bei 22,8° C - Temperaturminimum im Januar bei 11,4° C - Jahresamplitude: 11,4° C	- Gesamtniederschlag: 753 mm - Niederschlagsmaximum im November mit 114 mm - Niederschlagsminimum im Juli bei 5 mm

(3) Beschreiben

- Das Klima in Lissabon ist während der Sommermonate ab ungefähr Mitte Mai bis in die zweite Septemberhälfte arid, d.h. es gibt ca. 4 aride Monate. Die verbleibenden 8 Monate sind humid, wobei sich die hauptsächlichen Niederschläge auf die Monate November bis Februar (jeweils über 100 mm) verteilen.
- Der Temperaturverlauf weist nur geringe Schwankungen mit einer Jahresamplitude von 11,4° C auf. Das Temperaturmaximum liegt im Sommer, wobei die Monate Juni bis September Temperaturen über 20° C aufweisen.
- Die Temperaturen liegen ganzjährig über 5° C, sodass in Hinblick auf die Temperatur eine ganzjährige Vegetationsperiode vorläge. Diese wird jedoch durch die ariden Bedingungen in den Sommermonaten begrenzt, sodass die Vegetationsperiode nur ungefähr 8 Monate umfasst.

(4) Begründen und Einordnen

Aufgrund der Jahresdurchschnittstemperatur von 16,8° C lässt sich Lissabon den Subtropen (Jahresdurchschnittstemperatur zwischen 12° C und 24°C) zuordnen. Der relativ gleichmäßige Temperaturverlauf mit einer Jahresamplitude von 11,4° C lässt auf ein maritimes Klima schließen.

4 Klimadiagramme

Aufgabe 3 / 4: c) Mombasa

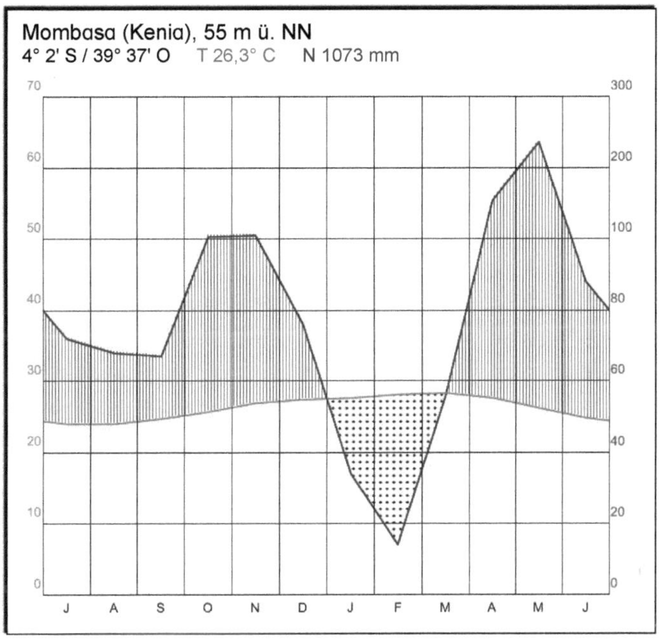

Mombasa (Kenia), 55 m ü. NN
4° 2' S / 39° 37' O T 26,3° C N 1073 mm

(1)	**Orientierung**
	- Name: Mombasa - Lage im Gradnetz: 4° 2' s. Br. / 39° 37' ö. L. - Höhenlage: 55 m ü. NN - Lagebeschreibung: Mombasa ist eine Stadt in Kenia in Ostafrika. Durch die Mitte Kenias verläuft der Äquator, sodass die eine Hälfte Kenias auf der Nordhalbkugel und die andere auf der Südhalbkugel liegt. Kenia besitzt eine Küste am Indischen Ozean. Mombasa liegt auf einer kleinen Insel unmittelbar vor der kenianischen Küste.

(2)	**Ablesen und Ermitteln**	
	<u>Temperaturen:</u> - mittlere Jahrestemperatur: 26,3° C - Temperaturmaximum im März bei 28,3° C - Temperaturminimum im Juli/August bei 24,0° C - Jahresamplitude: 4,3° C	<u>Niederschläge:</u> - Gesamtniederschlag: 1073 mm - Niederschlagsmaximum im Mai bei 236 mm - Niederschlagsminimum im Februar bei 14 mm

(3)	**Beschreiben**
	- Das Klima in Mombasa ist während der Sommermonate im Januar, Februar und teilweise im März arid (2,5 Monate arid) und während der restlichen Monate humid (9,5 Monate humid). Dabei lassen sich zwei Regenzeiten unmittelbar vor und nach den ariden Sommermonaten feststellen. In der zweiten Regenzeit ab März liegt auch das Niederschlagsmaximum mit 236 mm. - Der Temperaturverlauf ist ausgeglichen und weist eine Jahresamplitude von nur 4,3° C auf. - Die Temperaturen liegen ganzjährig über 5° C, sodass in Hinblick auf die Temperatur eine ganzjährige Vegetationsperiode vorläge. Diese wird jedoch durch die ariden Bedingungen in den Sommermonaten begrenzt, sodass die Vegetationsperiode ungefähr 9,5 Monate umfasst.

(4)	**Begründen und Einordnen**
	Aufgrund der Jahresdurchschnittstemperatur von 26,3° C lässt sich Mombasa den Tropen zuordnen. Der Temperaturverlauf ist sehr ausgeglichen, sodass sich in Hinblick auf die Temperaturen keine Jahreszeiten feststellen lassen. Der ausgeglichene Temperaturverlauf geht sowohl auf die Nähe zum Äquator als auch auf die Lage am Indischen Ozean, der für ein maritimes Klima sorgt, zurück. Anstelle von Jahreszeiten lassen sich zwei Regenzeiten zu Beginn und Ende der Trockenzeit feststellen.

4 Klimadiagramme

Aufgabe 3 / 4: d) **Sydney**

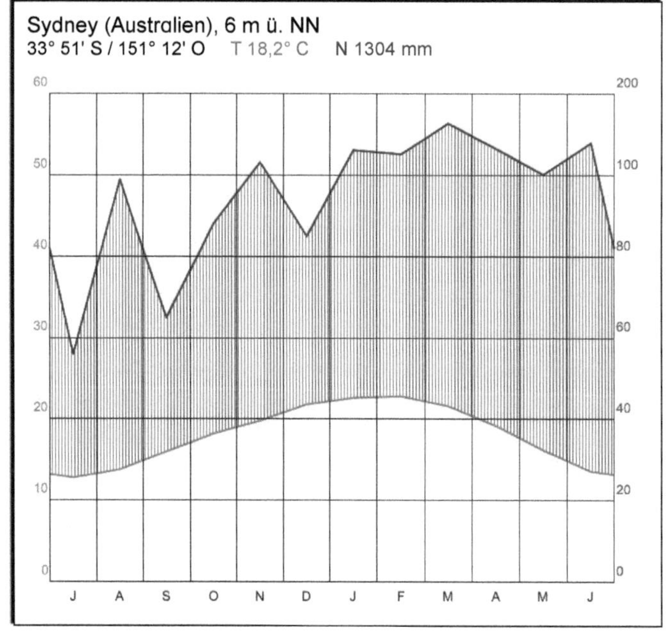

(1)	Orientierung
	- Name: Sydney - Lage im Gradnetz: 31° 51' s. Br. / 151° 12' ö. L. - Höhenlage: 6 m ü. NN - Lagebeschreibung: Sydney ist eine Stadt in Australien und liegt an der Südostküste des Kontinents am Pazifischen Ozean

(2)	Ablesen und Ermitteln	
	Temperaturen: - mittlere Jahrestemperatur: 18,2° C - Temperaturmaximum im Februar bei 22,8° C - Temperaturminimum im Juli bei 12,8° C - Jahresamplitude: 10° C	Niederschläge: - Gesamtniederschlag: 1304 mm - Niederschlagsmaximum im März mit 164 mm - Niederschlagsminimum im Juli bei 56 mm

(3)	Beschreiben
	- Das Klima Sydneys ist das ganze Jahr über humid, wobei der Hauptanteil der Niederschläge in den Monaten Januar bis Juni fällt. Es lassen sich aber keine klar abgrenzbaren Regenzeiten festmachen. - Der Temperaturverlauf ist mit einer Jahresamplitude von 10° C relativ gleichmäßig, weist aber ein Sommermaximum auf im Januar und Februar mit Durchschnittstemperaturen über 22° C. - Die Temperaturen liegen das ganze Jahr über 5° C und es ist ganzjährig humid, sodass die Vegetationsperiode 12 Monate beträgt.

(4)	Begründen und Einordnen
	Aufgrund der Jahresdurchschnittstemperatur von 18,2° C lässt sich Sydney den Subtropen (Jahresdurchschnittstemperatur zwischen 12° C und 24°C) zuordnen. Die Lage am Pazifik sorgt für ein ausgeglichen-maritimes Klima, in dem eine ganzjährige Vegetationsperiode vorliegt.

KOHL VERLAG KLIMADIAGRAMME Grundlagen klimatischer Prozesse – Bestell-Nr. 12 398

12 Lösungen

5 Klimatypen

Aufgabe 1: Riad (Saudi-Arabien): Ba, Reykjavik (Island): Dh, Recife (Brasilien): Ah, Nome (Alaska, USA): Eh, Trelew (Argentinien): Bsa, Osaka (Japan): Ch

6 Die Landschaften der Polaren Zone

Aufgabe 1:

(1)	Orientierung	
	- Name: McMurdo - Lage im Gradnetz: 77° 51' s. Br. / 166° 40' ö. L. - Höhenlage: 24 m ü. NN - Lagebeschreibung: McMurdo ist eine US-amerikanische Forschungsstation. Sie ist auf Ross-Island gelegen, einer der antarktischen Küste vorgelagerten Insel, die im Rossmeer liegt. Obwohl Ross-Island eine Insel ist, ist sie durch die Eismassen dauerhaft mit dem antarktischen Kontinent verbunden.	
(2)	**Ablesen und Ermitteln**	
	Temperaturen: - mittlere Jahrestemperatur: -17° C - Temperaturmaximum im Januar bei -2,9° C - Temperaturminimum im August bei -26,8° C - Jahresamplitude: 23,9° C	Niederschläge: - Gesamtniederschlag: 198 mm - Niederschlagsmaximum im Februar bei 30 mm - Niederschlagsminimum im Oktober/November bei 10 mm
(3)	**Beschreiben**	
	- Nominell erscheint das Klima bei der McMurdo-Station ganzjährig humid, was jedoch nur aufgrund der sehr niedrigen Temperaturen so aussieht. Mit weniger als 200 mm Niederschlag ist das Klima jedoch trocken. Darüber hinaus fallen die Niederschläge aufgrund der geringen Temperaturen nur als Schnee. - Der Temperaturverlauf weist mit einer Jahresamplitude von 23,9° C relativ starke Schwankungen auf, wobei sich ein eindeutiges Temperaturmaximum in den Sommermonaten Dezember und Januar abzeichnet. - Die Temperaturen liegen das ganze Jahr unterhalb der 5° C-Grenze, sodass es bei der McMurdo-Station keine Vegetationsphase gibt.	
(4)	**Begründen und Einordnen**	
	Aufgrund der Jahresdurchschnittstemperatur von -17° C lässt sich die McMurdo-Station der Polaren Zone zuordnen. Obwohl die Station am Meer gelegen ist, weist das Klima kontinentale Züge auf (ausgeprägte jahreszeitliche Temperaturschwankungen). Dies liegt daran, dass Ross-Island, auf der die Station liegt, von Schelfeis des Rossmeeres eingeschlossen ist, und das Meer keinen ausgleichenden Effekt haben kann. Aufgrund des Schelfeises ist das Klima an der Station kontinentaler als man aufgrund der geografischen Lage zunächst annehmen würde.	

Aufgabe 2:

a) Als Permafrostboden bezeichnet man Böden, die wegen der niedrigen Temperaturen dauerhaft oder langfristig gefroren sind.

b) Pflanzen können den steinhart gefrorenen Boden nicht mit ihren Wurzeln durchdringen.

Aufgabe 3: Individuelle Antworten

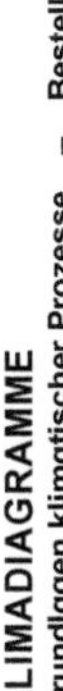

7 Die Landschaften der Subpolaren Zone

Aufgabe 1: In den warmen Monaten taut der Permafrostboden an seiner Oberfläche bis zu einer Tiefe von 2 Metern auf. Die darunter liegenden Bodenschichten bleiben gefroren und verhindern, dass Niederschläge versickern können. So bildet sich Staunässe und es siedeln sich nur Pflanzen an, die mit Staunässe fertig werden – und das sind Moorpflanzen.

Aufgabe 2: Zum Äquator hin verbessern sich die klimatischen Bedingungen der Tundra:
Steigende Temperaturen und der Boden ist nicht mehr dauerhaft gefroren. So können sich auch Pflanzen und Nadelbäume ansiedeln, die tiefer im Boden wurzeln müssen.

Aufgabe 3: Individuelle Antworten

8 Die Landschaften der Mittelbreiten

Aufgabe 1: Richtige Antworten: B, D, E

Aufgabe 2: Die Aufforstung in den Borealen Nadelwäldern ist so erfolgreich, dass sogar mehr Bäume neu gepflanzt werden als geerntet werden.

Aufgabe 3: Nur während ungefähr vier Monaten liegen die monatlichen Durchschnittstemperaturen über 5° C, sodass die landwirtschaftlichen Erträge sehr gering ausfallen würden.

Aufgabe 4: Individuelle Antworten

Aufgabe 5: Die kaltgemäßigte Zone geht nahtlos in die warmgemäßigte Zone über, unterscheidet sich aber von ihr darin, dass die Durchschnittstemperatur des wärmsten Monats über 20° C liegt. Unter diesen Bedingungen können sich zunehmend Laubbäume halten, sodass es in der warmgemäßigten Zone Mischwälder und reine Laubwälder gibt.

Aufgabe 6:

a) Als Sommergrünen Laubwald bezeichnet man Laubwälder, in denen Laubbäume wachsen, die im Herbst ihre Blätter abwerfen und im Frühling neue wachsen lassen. Sie sind also nur während des Sommers grün.

b) Das Klima muss während des Sommers feucht-warm sein mit Temperaturen über 10° C. Während des Winters braucht es eine Frostperiode mit unter -10° C. Der Jahresgesamtniederschlag muss über 500 mm betragen und die Vegetationsperiode 6 bis 12 Monate lang sein.

Aufgabe 7:

a) Als Steppen bezeichnet man die kargen Graslandschaften ohne Wälder der Mittelbreiten.

b) Es herrscht ein arides oder semiarides Klima mit kontinentaler Prägung, d.h. starken Temperaturschwankungen während des Tages und der Nacht, sowie im Jahresverlauf.

9 Die Landschaften der Subtropen

Aufgabe 1: Die Subtropische Zone liegt zwischen der Gemäßigten Zone und der Tropischen Zone. Sie liegt ungefähr auf den Breitenkreisen zwischen 25° und 40° auf der nördlichen und der südlichen Halbkugel. Die Subtropen lassen sich grob untergliedern in semi-aride und semi-humide Zonen.

KOHL VERLAG KLIMADIAGRAMME Grundlagen klimatischer Prozesse – Bestell-Nr. 12 398

9 Aufgabe 2: a) und b) Teil 1:

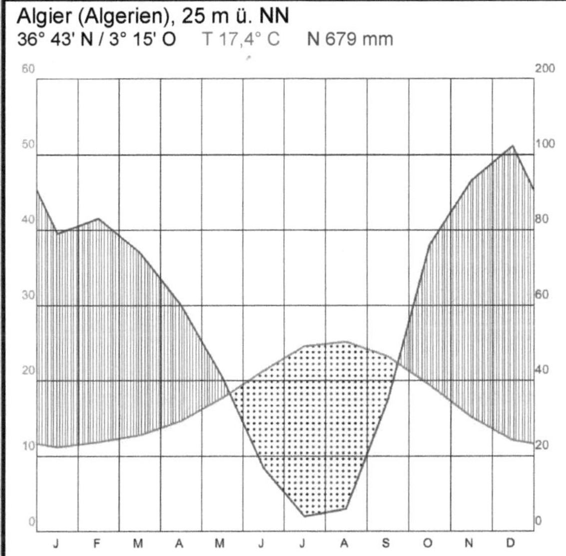

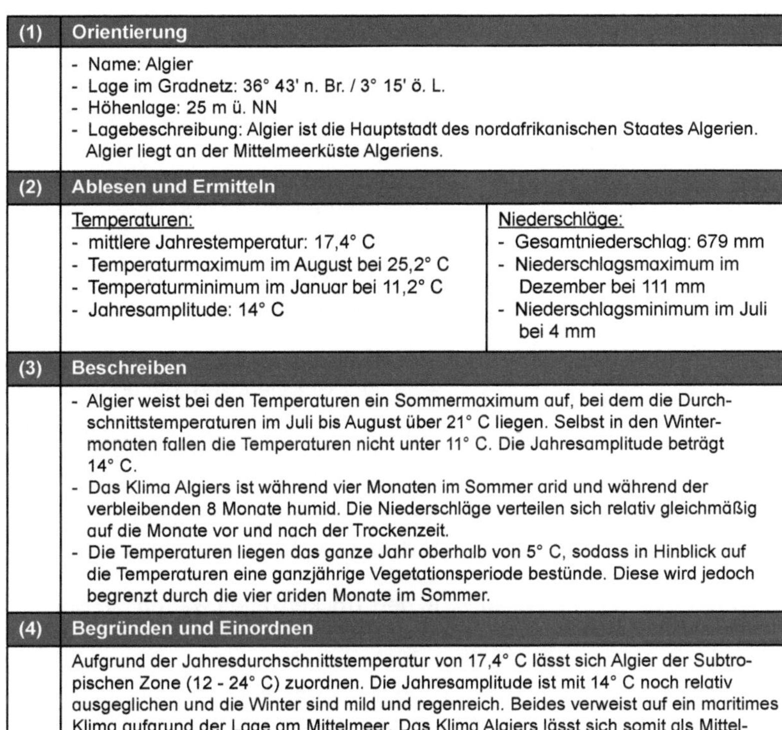

(1)	**Orientierung**	
	- Name: Algier - Lage im Gradnetz: 36° 43' n. Br. / 3° 15' ö. L. - Höhenlage: 25 m ü. NN - Lagebeschreibung: Algier ist die Hauptstadt des nordafrikanischen Staates Algerien. Algier liegt an der Mittelmeerküste Algeriens.	
(2)	**Ablesen und Ermitteln**	
	<u>Temperaturen:</u> - mittlere Jahrestemperatur: 17,4° C - Temperaturmaximum im August bei 25,2° C - Temperaturminimum im Januar bei 11,2° C - Jahresamplitude: 14° C	<u>Niederschläge:</u> - Gesamtniederschlag: 679 mm - Niederschlagsmaximum im Dezember bei 111 mm - Niederschlagsminimum im Juli bei 4 mm
(3)	**Beschreiben**	
	- Algier weist bei den Temperaturen ein Sommermaximum auf, bei dem die Durchschnittstemperaturen im Juli bis August über 21° C liegen. Selbst in den Wintermonaten fallen die Temperaturen nicht unter 11° C. Die Jahresamplitude beträgt 14° C. - Das Klima Algiers ist während vier Monaten im Sommer arid und während der verbleibenden 8 Monate humid. Die Niederschläge verteilen sich relativ gleichmäßig auf die Monate vor und nach der Trockenzeit. - Die Temperaturen liegen das ganze Jahr oberhalb von 5° C, sodass in Hinblick auf die Temperaturen eine ganzjährige Vegetationsperiode bestünde. Diese wird jedoch begrenzt durch die vier ariden Monate im Sommer.	
(4)	**Begründen und Einordnen**	
	Aufgrund der Jahresdurchschnittstemperatur von 17,4° C lässt sich Algier der Subtropischen Zone (12 - 24° C) zuordnen. Die Jahresamplitude ist mit 14° C noch relativ ausgeglichen und die Winter sind mild und regenreich. Beides verweist auf ein maritimes Klima aufgrund der Lage am Mittelmeer. Das Klima Algiers lässt sich somit als Mittelmeerklima bzw. Winterfeuchtes Subtropenklima ansprechen. Es lässt sich dem Klimatyp Csh zuordnen (Subtropen, 8 humide Monate).	

Aufgabe 2: a) und b) Teil 2:

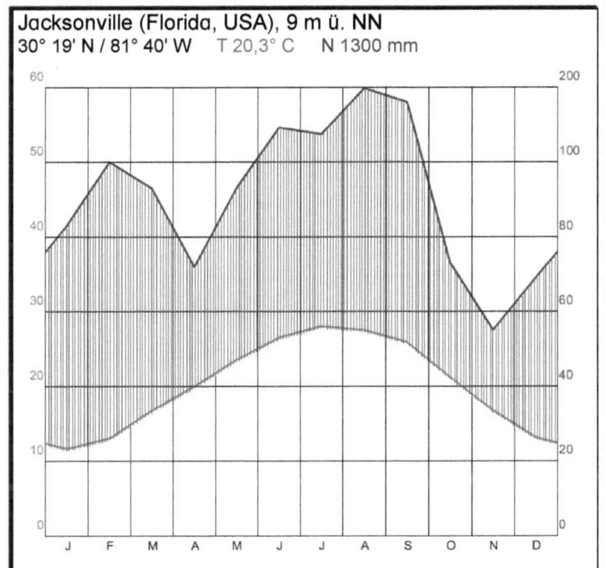

(1)	**Orientierung**	
	- Name: Jacksonville - Lage im Gradnetz: 30° 19' n. Br. / 81° 40' w. L. - Höhenlage: 9 m ü. NN - Lagebeschreibung: Jacksonville liegt im us-amerikanischen Bundestaat Florida. Flordida liegt im Südosten der USA und besteht zum größten Teil aus einer Halbinsel, die im Osten an den Atlantischen Ozean und im Westen vom Golf von Mexiko grenzt. Jacksonville liegt am nördlichen Ende der Florida-Halbinsel an der Ostküste am Atlantik.	
(2)	**Ablesen und Ermitteln**	
	<u>Temperaturen:</u> - mittlere Jahrestemperatur: 20,3° C - Temperaturmaximum im Juli bei 28° C - Temperaturminimum im Januar bei 11,6° C - Jahresamplitude: 16,4° C	<u>Niederschläge:</u> - Gesamtniederschlag: 1300 mm - Niederschlagsmaximum im August bei 199 mm - Niederschlagsminimum im November bei 55 mm
(3)	**Beschreiben**	
	- Jacksonville weist bei den Temperaturen ein Sommermaximum auf, wobei die Monatsdurchschnittstemperaturen in den Monaten Mai bis September über 23° C liegen. Selbst in den Wintermonaten fallen die Temperaturen nicht unter 11° C. Die Jahresamplitude beträgt 16,4° C. - Das Klima Jacksonvilles ist während des gesamten Jahres ausgesprochen humid, wobei die meisten Niederschläge während der sehr warmen Sommermonate fallen. - Die Temperaturen liegen das ganze Jahr oberhalb von 5° C und es herrschen humide Bedingungen, weshalb eine ganzjährige Vegetationsperiode vorliegt.	
(4)	**Begründen und Einordnen**	
	Aufgrund der Jahresdurchschnittstemperatur von 20,3° C lässt sich Jacksonville der Subtropischen Zone (12-24° C) zuordnen. Die Jahresamplitude ist mit 16,4° C noch relativ ausgeglichen. Das Klima in Jacksonville ist maritim geprägt und ganzjährig humid. Es handelt sich bei dem Klima von Jacksonville um ein Immerfeuchtes Subtropenklima und lässt sich dem Klimatyp Ch (Subtropen, 12 Monate humid) zuordnen.	

9 Die Landschaften der Subtropen

Aufgabe 2: c) **Gemeinsamkeiten:**

- Aufgrund der Jahresdurchschnittstemperaturen können beide Orte den Subtropen zugeordnet werden.
- Beide Orte weisen ein gemäßigtes maritimes Klima mit einem ausgeglichenen Temperaturverlauf auf.
- In beiden Orten liegen die Temperaturmaxima in den Sommermonaten.

Unterschiede:

- Algier weist im Sommer eine Trockenzeit auf; Jacksonville ist ganzjährig humid.
- In Algier fallen die Niederschläge hauptsächlich vor und nach der Trockenzeit im Sommer, wohingegen in Jacksonville die meisten Niederschläge während der Sommermonate fallen.
- In Jacksonville fallen fast doppelt so viele Niederschläge wie in Algier.

Algier: Winterfeuchte Subtropen, Klimatyp Csh
Jacksonville: Immerfeuchte Subtropen, Klimatyp Ch

Aufgabe 3:

a) Als Trockenwälder bezeichnet man die Waldvegetation, die in den semiariden Gebieten der Subtropen wächst. Hier fallen noch genügend Niederschläge, dass sich Bäume ansiedeln können.

b) In den Trockenzeiten werfen die Bäume ihre Blätter ab, um die Verdunstung über die Blätter einzuschränken. Andere Pflanzen (z.B. Kakteen) speichern Wasser.

Aufgabe 4: Savannen und Steppen kommen beide in ariden Gebieten vor und zeichnen sich durch Grasvegetation aus. Die Steppen findet man in den Mittelbreiten und die Savannen in den Subtropen (und auch Tropen). In den Savannen wachsen aber mehr Bäume und Sträucher als in der Steppe. Zudem wachsen in den Savannen auch Kakteen.

Aufgabe 5: Die Kreise entstehen durch die sogenannte Pivot-Beregnung bzw. Kreisberegnung. Dabei handelt es sich um eine Form der künstlichen Bewässerung in trockenen Gebieten. Im Zentrum der Kreise liegt eine Pumpe, die Wasser in einen 300 bis 400 m langen Arm mit Sprühdüsen pumpt. Der Arm ist auf Räder gestützt und wird mit Hilfe eines Motors um das Zentrum gedreht. Die so bewässerten Flächen sind kreisrund.

10 Die Landschaften der Tropen

Aufgabe 1: Richtige Antworten: A, C, D, E

Aufgabe 2:

Baumschicht (bis 60 m)
Strauchschicht (bis 5 m)
Krautschicht (bis 1,5 m)
Bodenschicht

Aufgabe 3: Individuelle Antworten

Aufgabe 4: An den Tropischen Regenwald schließt sich direkt die Feuchtsavanne an. Pro Jahr fallen hier zwischen 1000 und 1500 mm Niederschlag. Das Klima ist arider als im Tropischen Regenwald, sodass die Bäume kleiner werden, je trockener das Klima wird.
Die Trockensavanne zeichnet sich durch 4,5 bis 7 humide Monate aus, in denen ungefähr 500 bis 1000 mm Niederschlag fallen. Die trockenste Landschaft der Tropen ist die Wüste.

Aufgabe 5:

a) **Ouagadougou (Burkina Faso)**: Trockensavanne (5 humide Monate; 897 mm < 1000 mm Niederschlag)

b) **Zinder (Niger)**: Dornsavanne (3 humide Monate; 529 mm Niederschlag - bis ca. 500 mm bei Dornsavanne)

c) **Enugu (Nigeria)**: Feuchtsavanne (8,5 humide Monate; 1754 mm Niederschlag – bis ca. 1500 mm in Feuchtsavanne; ausschlaggebend ist hier die begrenzte Zahl humider Monate)

KOHL VERLAG KLIMADIAGRAMME Grundlagen klimatischer Prozesse – Bestell-Nr. 12 398

12 Lösungen

10 Exkurs: Höhenklima

Aufgabe 1: Mit der Höhe nimmt die Temperatur pro 1000 m um ungefähr 5 bis 6° C ab, sodass in höheren Lagen die Temperaturen niedrig genug für Eis und Schnee sind.

Aufgabe 2:

a) Als Waldgrenze bezeichnet man die Höhengrenze, ab der die Temperaturen so niedrig sind, dass sich Wälder nicht mehr halten können.

b) Als Schneegrenze bezeichnet man die Höhengrenze, ab der die Temperaturen so niedrig sind, dass dort Schnee und Eis liegen bleiben.

Aufgabe 3:

5800 m ü. NN	-2,3 – (-7,3)° C
4800 m ü. NN	2,7 – (-1,3)° C
3800 m ü. NN	7,7 – 4,7° C
2800 m ü. NN	12,7 – 10,7° C
1800 m ü. NN	17,7 – 16,7 °C
Moshi – 800 m ü. NN	**22,7° C**